Max Burgheim

Reiseskizzen aus Europa

weitsuechtig

Max Burgheim

Reiseskizzen aus Europa

ISBN/EAN: 9783943850147

Auflage: 1

Erscheinungsjahr: 2013

Erscheinungsort: Bremen, Deutschland

@ weitsuechtig in Access Verlag GmbH, Fahrenheitstr. 1, 28359 Bremen. Alle Rechte beim Verlag und bei den jeweiligen Lizenzgebern.

weitsuechtig

Reiseskizzen
aus Europa,

—von—

Max Burgheim.

Mit vielen Illustrationen.

Entered according to Act of Congress in the Office of the Librarian of Congress,
by M. & R. Burgheim, Publishers and Booksellers, Cincinnati, O.

Verlag von
M. & R. Burgheim,
484 Vine Straße, Ecke Mercer,

Cincinnati, O.

Vorwort.

Die hier in Buchform publizirten „**Reiseskizzen aus Europa**" wurden ursprünglich für das „Cincinnati Volksblatt", bei Gelegenheit der vom Harugari Männerchor von Cincinnati veranstalteten Excursion über den Ocean, während eines etwa zweimonatlichen Aufenthaltes in Europa, als Spezial-Korrespondenzen geschrieben, und in der genannten Zeitung veröffentlicht.

Natürlich sind es nur Skizzen, die der Eingebung des Augenblicks entsprungen sind und auf Vollständigkeit keinen Anspruch machen können oder sollen. Ich habe versucht, meine Eindrücke auf der Reise in ungeschminkter, wahrheitsgetreuer Weise wiederzugeben, so gut wie es bei außerordentlich schnellem Reisen, mit sehr karg bemessener Zeit, möglich war.

Bei der nunmehrigen Herausgabe dieser Reiseskizzen in Buchform komme ich dem Wunsche Vieler, welche mich dazu aufforderten, nach, und zugleich glaube ich, daß das Werkchen manchem Deutsch-Amerikaner, der Europa besucht, von Nutzen sein und ihm beachtenswerthe Winke geben wird. Ich habe an der ursprünglichen Form der Skizzen wenig geändert, sondern dieselben fast so gelassen, wie sie geschrieben waren. Es sind aber dem Buche eine Anzahl Illustrationen beigegeben und den Reiseskizzen ein Nachtrag hinzugefügt worden, welcher nach den zuverlässigsten Quellen von mir bearbeitet wurde, und vieles Wissenswerthe für Reisende nach Europa enthält.

Ich hoffe, daß das Büchlein gar Manchen an erlebte schöne Tage erinnern und vielen Anderen ein willkommener Führer nach und in Europa sein wird.

Der Verfasser.

Postdampfer Rhynland, von der Red Star Linie.

Reiseskizzen aus Europa.

I.

An Bord der Rhynland, 19. Juni.

Neun Tage befinden wir uns nun bereits auf dem atlantischen Ocean, und 2500 Meilen hat unser prächtiger Dampfer „Rhynland" von dem langen Wege, 3352 Meilen, zurückgelegt. Am nächsten Donnerstag werden wir wol Antwerpen erreichen, und trotzdem unsere Reise bisher eine sehr angenehme gewesen ist und in keiner Beziehung etwas zu wünschen übrig ließ, sehnen sich doch fast Alle nach dem festen Lande. Der Reiz der Neuheit ist verschwunden, und die tägliche Routine, von Morgens bis Abends auf die unendliche Wasserwüste zu blicken, zu essen, rauchen, spielen, singen und den Damen die Cour zu schneiden, fängt allgemach an, höchst langweilig zu werden. Das will zwar Niemand eingestehen, aber wahr ist es doch. Unsere Gesellschaft, welche die Harugari-Excursion nach Europa mitmacht, besteht aus 317 Personen, welche aus allen Theilen der Ver. Staaten herstammen.*) Das größte Kontingent haben, nächst Cincinnati, St. Louis, New York und Chicago gestellt, und es darf dreist behauptet werden, daß eine angenehmere und gemüthlichere Gesellschaft wol niemals auf so engem Raume bei einander gewesen ist. Jedermann ist zufrieden und befriedigt und sucht nach Kräften zur Unterhaltung beizutragen. Unser liebenswürdiger Capitain Randle, ein gentleman comme il faut, sowie alle ihm untergebenen Offiziere und Angestellten, bis zum letzten Cajütenjungen, lassen sich die Bequemlichkeit der Passagiere auf's Aeußerste angelegen sein, und so kann es denn nicht fehlen, daß das schönste Einvernehmen herrscht und Jedermann des Lobes voll ist.

Die Abreise von New York.

Programmgemäß verließ die "Rhynland" von der Red Star Linie, welche kontraktlich die Beförderung der Harugari-Excursion übernommen hatte, den New Yorker Hafen am 10. Juni, präcis 1 Uhr. Der Dock der Red Star Linie in Jersey

---

*) Zum besseren Verständniß für die Leser sei bemerkt, daß der Harugari Männerchor von Cincinnati eine Excursion nach Europa veranstaltete und mit der Red Star Linie einen Kontrakt für die Beförderung der Excursionisten von New York nach Antwerpen und zurück abschloß. Die Excursion fand überall in den Vereinigten Staaten großen Anklang und meldeten sich eine große Anzahl Theilnehmer, deren Abfahrt von New York auf dem Dampfer "Rhynland" am 10. Juni 1882 stattfand. Für die Rückreise der Excursionisten waren die Billete auf irgend einem beliebigen Dampfer der Red Star Linie für ein volles Jahr gültig.

City, gegenüber New York, war zu Ehren der Abreisenden festlich geschmückt, und die „Rhynland" sowol, wie die im Hafen liegende „Belgenland" von derselben Linie, waren von oben bis unten beflaggt und zeigten sich im Sonntagsstaate. Die Passagiere fingen von 9 Uhr Morgens bereits an sich einzustellen, ihr Gepäck an Bord zu befördern und den Dampfer, sowie die „State=

Bei der Abreise in New York.

rooms" zu besichtigen, und ich will gleich an dieser Stelle bemerken, daß der Linie für ihre vortrefflichen Einrichtungen das höchste Lob gespendet wurde. Um 1 Uhr gelangte die Post an Bord und in demselben Augenblicke erschien Capitain Randle auf der Kommandobrücke und gab das Zeichen zur Abfahrt. Langsam setzte sich der Riesendampfer, unter dem tausendstimmigen Lebewolrufen der am Dock versammelten Menschenmenge in Bewegung und trat die von Vielen so heiß ersehnte Reise nach dem Lande ihrer Väter an. Einige wenige Bevorzugte hatten die Er-

Bei Sandy Hook.

laubniß erhalten, Freunde, welche die Reise mitmachten, bis nach Sandy Hook, etwa vier Stunden Fahrt, zu begleiten und von dort mit dem Tugboot und in Gesellschaft der Beamten der Red Star Linie nach New York zurückzufahren.

Der erste Tag an Bord des Dampfers

wird gewöhnlich damit zugebracht, um Umschau auf dem Schiffe und unter den Passagieren zu halten. Man will sich an die fremde Umgebung erst einmal gewöhnen und sehen, mit was für Leuten einen der Zufall für die nächsten 14 Tage zusammengeführt hat. Man knüpft Bekanntschaften an, die anscheinend sehr intim werden, aber in dem Moment, wo man das feste

Das Verdeck des Ocean Dampfers.

Land betritt, geht Jeder seinen Weg und die Meisten sehen sich nie im Leben wieder. Auf unserem Dampfer ist ein reicher Damenflor vertreten. Allen voraus glänzen zwei Damen, Frl. Horton von St. Louis und Frl. Freiberg von Cincinnati; beide Damen jung, schön, hochgebildet und Zierden jeder Gesellschaft. Beide haben sich durch ihr liebenswürdiges Auftreten die Gunst aller Excursionisten erworben.

Von den sonstigen Damen erwähne ich Frau und Frl. Langenbeck von Cincinnati, Frl. Frenz von Blue Island, Ill., Frau Julius Freiberg von Cincinnati, Frl. Höhn von St. Louis, Frl. Lauther und Frau Wappenstein von Cincinnati und Frau Braumiller von Atlanta, Ga.

Seekranke auf Deck.

Von den mitreisenden Herren hat es sich fast jeder bis jetzt angelegen sein lassen, seine besten Seiten zu zeigen, und deßhalb will ich nur einen nennen, dessen ewig heiteres Temperament und unerschöpflicher Humor ihn auch hier an Bord des Schiffes zum Liebling Aller gemacht haben, es ist Herr Hugo Weisbrodt von Cincinnati.

Die Red Star Linie.

Wenn es unter den vielen Tausenden, welche jährlich von Amerika aus Europa besuchen, besser bekannt wäre, welcher Art die Bequemlichkeit der Red Star Linie, auf welche zweckmäßige Weise die prächtigen Dampfer eingerichtet sind, und wie freundlich und zuvorkommend von Oben bis Unten das ganze Schiffspersonal ist, so würden die Schiffe nicht ausreichen, um alle Passagiere zu befördern. In jeder Beziehung dürfen diese Dampfer den Vergleich mit denen aller anderen Linien aushalten, und selbst der befangenste Beurtheiler wird zugestehen müssen, daß seine Erwartungen bei Weitem übertroffen wurden. Die allerscrupulöseste Reinlichkeit herrscht auf den Dampfern, und wer immer die Seereise gemacht hat, wird verstehen, was das zu bedeuten hat und wie sehr der Comfort der Passagiere leidet, wenn es nicht der Fall ist. Die Küche ist eine geradezu vorzügliche und in keinem erster Klasse Hotel wird Besseres geliefert oder ist die Tafel reichhaltiger besetzt. Die Staterooms befinden sich nicht, wie die auf den meisten anderen Dampfern, rings um die Salons, sondern separat auf dem sogenannten Spardeck. Dies ist eine vortreffliche neue Einrichtung. Die Luft in den Speise- und anderen Salons ist immer frisch und rein, und der unangenehme und von den Seekranken aufs Aeußerste gefürchtete Schiffsgeruch ist in den Salons niemals bemerklich. Die Bemannung besteht

Die Rhynland auf hoher See.

zum größten Theile aus deutschen Seeleuten, während die sämmtlichen Stewards der englischen, deutschen und französischen Sprache mächtig sind. Die Capitäne sind Amerikaner und wenn alle, woran ich keinen Augenblick zweifle, dem unserigen, Capitain Randle, gleichkommen, so darf sich die Red Star Linie gratuliren, daß sie solche Gentlemen als Befehlshaber ihrer Schiffe hat. Es soll mich sehr freuen, wenn diese Excursion dazu beiträgt, die Red Star Linie so populär zu machen, wie sie es ohne allen Zweifel verdient.

Spaziergang nach dem Diner.

Ein Begräbniß auf der See.

Leider haben wir auch einen Todten während der Reise zu beklagen. Herr Fritz Poschner von Cincinnati, welcher früher ein sehr eifriges, fähiges und beliebtes Mitglied der Cincinnati Turngemeinde war, starb am Sonntag an der Herzbeutel-Wassersucht. Seit vielen Monaten war Herr Poschner bereits krank und die Aerzte riethen ihm schließlich die Reise nach Europa an.

Poschner, obgleich stets schwach, klammerte sich an diese Reise als seine letzte Hoffnung und so trat er denn dieselbe an. Aber schon gleich nach der Abfahrt wurde Poschner so krank, theils aus allgemeiner Erschöpfung, theils von der Seekrankheit mitgenommen, daß es ihm nicht möglich war, irgend etwas zu genießen. Der Schiffsarzt, Herr Dr. S t o c k h a m, sowie einer der Excursionisten, Herr Dr. E h r h a r d t von Beardstown, Ill., erkannten das Gefährliche des Zustandes. Auf ihren Rath wurde Poschner in der Damen-Cajüte auf dem oberen Deck untergebracht und wurde ihm dort die beste Pflege zu Theil. Feste Nahrungsmittel konnte der Patient nicht zu sich nehmen und so erhielt er denn in flüssiger Form Alles, was zu seiner Stärkung dienen konnte. Ein Steward war unausgesetzt bei ihm und außerdem halfen und wachten einige Freunde abwechselnd bei dem Kranken. Am Freitag Abend wurde es augenscheinlich, daß Poschner's Kräfte am Abnehmen und sein Hinscheiden nur noch eine Frage der Zeit sei. Alles was menschliche Kunst thun konnte, war geschehen. Es blieb nichts mehr übrig, als daß seine Freunde ihm das Sterben so leicht wie möglich machten. Und das ist ehrlich geschehen. Der Sterbende war bis kurz vor seinem Tode bei vollem Bewußtsein, trotzdem wußte er nicht, daß sein Ende so nahe bevorstand. „Ach, laßt mich nicht in Antwerpen im Stich, sondern schäfft mich nach Wien," war sein beständiger Wunsch. Und erst in der Nacht vom Samstag auf Sonntag schien ihn eine Ahnung zu überkommen, daß es mit ihm zu Ende gehe. „Wenn ich sterben sollte," sagte er zu einem seiner Freunde, der mit dem Schiffsarzt und Stewart bei ihm wachte, „so grüße mein Weib und meine Kinder und sage ihnen, daß ich ihrer bis zum letzten Augenblicke gedacht habe."

Um ¼1 Uhr Nachmittags am Sonntag, den 18. Juni, starb Poschner und seine Beerdigung wurde durch den Capitain auf Montag Nachmittag 2 Uhr festgesetzt. Kein Todter, scheint es, darf länger als 24 Stunden an Bord behalten werden. Das Leichenbegängniß war ein feierliches und erschütterndes. Der Schiffszimmermann hatte einen eleganten Sarg gezimmert, der mit weißem Zeug gefüttert war; in diesem lag der Todte so friedlich, als wenn sein Todeskampf nur ein leichter gewesen.

Die Flaggen des Schiffes wehten alle Halbmast, als acht Matrosen den Sarg, der mit der Ver. Staaten Flagge bedeckt war, an Deck trugen. Die Fahrt des Dampfers wurde völlig eingestellt für die Dauer der Ceremonie und ein wolkenloser Himmel wölbte sich über der stillen, ruhigen See. Die sämmtlichen Schiffsoffiziere, in Gala-Uniform, die Matrosen in ihrer Sonntagskleidung, umstanden den Sarg mit entblößten Häuptern, und ebenso waren sämmtliche Passagiere auf Deck. Eine ernste, feierliche Stille herrschte und tiefbewegt schauten Alle auf den Sarg, der die Hülle eines Menschen barg, dessen warmes, treues Herz, das sich einst für alles Edle, Gute und Schöne begeisterte, nun ausgeschlagen. Ein vierfaches Männer-Quartett sang unter der Direktion des Herrn Palm von Cincinnati ein Grablied, dann trat Herr Pastor Hebbäus von Columbus, Ohio, vor und hielt eine wundersame, ergreifende Rede. Ernst und mahnend, sagte er, sei der Tod in ihre Mitte getreten, und erschütternd und ergreifend habe er vor ihrer aller Augen geführt, wie kurz das Leben sei und wie in jedem Augenblicke, auch in Lust und Freude der unerbittliche Tod nahen könne. Aber auch beruhigend und trostbringend zeige der Friede auf dem Gesichte des Entschlafenen, daß, so groß auch die Leiden eines Menschen wären, so viele Qualen und Sorgen und Mühsal das Menschenherz durchmachen müsse, der Todesengel küsse sie einmal hinweg und gebe dem armen Herzen Ruhe. Wenige von ihnen hätten den Entschlafenen vorher persönlich gekannt und doch mit welcher Theilnahme und liebevollen Aufmerksamkeit von allen Seiten sei der Kranke gepflegt worden.

Es möge wol Manchen ein eigenes Gefühl beschleichen bei dem Gedanken, daß der Sarg anstatt in die Mutter Erde nun in den unendlichen Ocean versenkt werde, aber was sei der kleine Erdenhügel auf dem Lande gegen den rauschenden Ocean, der sich über dem Sarge wölbe und dem Todten immerfort ein Grablied sänge. Ja, das arme Herz, das stille stände, fände überall seine Ruhe, ob es nun auf dem Lande sei, oder in den stillen Wässern. Der Verblichene sei ein Mitglied des Turnvereins von Cincinnati gewesen und Vertreter des letzteren ständen bekümmert um den Sarg und riefen dem geschiedenen Freunde wehmuthsvoll und stille den Turnerruf „Gut Heil" nach, dem derselbe bei Lebzeiten so oft und so freudig gefolgt wäre.

Tausende von Meilen entfernt, fuhr Herr Hebbäus fort, warteten eine treue, besorgte Gattin, liebende Kinder und eine alte, betagte Mutter, die den Sohn unter ihrem Herzen getragen, sehnsüchtig auf Nachricht von ihrem Liebsten auf Erden. Bange zählten sie die eilenden Stunden und Tage und hofften auf die Nachricht der Genesung des Gatten, Vaters und Sohnes. Nun sei er dahin; kein letztes Lebewol habe er seinen Lieben sagen, nicht zum letzten Male ihnen die Hand drücken und keinen letzten Kuß auf ihre Lippen drücken können, aber seine Gedanken und sein Herz seien bis zum letzten Augenblicke bei seinen Lieben in der Heimath gewesen und im Geiste habe er doch von ihnen Abschied genommen. Schwer, sehr schwer sei es, den Hinterlassenen die so nöthigen Trostworte zuzurufen, wenn sie aber die theilnahmsvollen und betrübten Gesichter aller Umstehenden sehen könnten, so würden sie den Trost haben und die Beruhigung, daß Niemand dem Unglücke seine Theilnahme versage. Mit einem Gebete schloß Herr Hebdäus seine Rede. Kein einziges Auge war bei derselben trocken geblieben, selbst in den ehernen, bronzefarbenen Gesichtern der Seeleute hatte es gezuckt und Thränen, schöner wie Diamanten, tropften manchem derselben die Backen herunter.

Unter den ersten Tönen eines Ruheliedes, gesungen von dem Männer=Quartett, wurde der Sarg, welcher mit etwa 500 Pfund Gewichten beschwert war, über das Geländer langsam in das Meer versenkt. Ein stilles Lebewol dem Freunde nachgerufen und Alles war vorüber — — —.

Dr. Stockham, der Schiffsarzt, welcher sich mit solcher Hin= gebung des verstorbenen Poschner angenommen hat, wurde mit

Spiel auf dem Promenaden=Deck.

einer Börse von $50 beschenkt, welche die Passagiere unter sich gesammelt hatten. Ein Kommittee, die Herren Giebel und Weisbrodt von Cincinnati, war ernannt, um die Kollekten zu besorgen, und Herr Otto Palm jr., von Cincinnati, über=

gab das Ehrengeschenk mit einer hübschen, passenden Rede, in welcher er darauf hinwies, wie hoch die Passagiere nicht allein die Verdienste des Arztes anerkennten, sondern seine Humanität und Opferwilligkeit einem ihm ganz Fremden gegenüber. Dr. Stockham, der keine Ahnung von der Geschichte hatte, war tief bewegt, die hellen Thränen perlten ihm die Backen hinunter und nach vieler Mühe dankte er und sagte, es komme ihm die Freundlichkeit und Anerkennung der Passagiere für Etwas, das nur seine Pflicht und Schuldigkeit als Arzt und Mensch gewesen, so unerwartet, daß er nur seinen herzlichsten und tiefgefühlten Dank aussprechen könne.

Die Passagiere haben ein Kommittee ernannt, bestehend aus Capitain Emil Selbach von Columbus, Dr. Blomfeld von Baltimore und Chas. G. Meyer von Port Washington, Wisc., das Beschlüsse ausgearbeitet hat, welche von allen Passagieren unterzeichnet wurden. Dieselben wurden im großen Salon dem Capitain überreicht. Die Beschlüsse besagen die außerordentliche Zufriedenheit der Excursionisten mit dem Capitain, dem gesammten Schiffspersonal, der Red Star Linie und der im höchsten Grade befriedigenden Behandlung in jeder Beziehung. Sie empfehlen die Red Star Linie allen Reisenden auf das Angelegentlichste und ergehen sich schließlich in den schmeichelhaftesten Ausdrücken über den Erfolg der Excursion.

II.

Ankunft in Europa.

Hamburg, 4. Juli.

Morgen landen wir in Antwerpen", das war das allgemeine Thema an der Table d'hote der „Rhynland" am 20. Juni, und erwartungsvoll waren eine Anzahl Passagiere schon früh am nächsten Morgen auf, um die in Sicht kommende englische Küste nicht zu verpassen. Es war 4 Uhr und man hatte eben den wunderschönsten Sonnenaufgang auf dem Meere bewundert, als in weiter Ferne, eben mit den schärfsten Gläsern zu entdecken, das erste Land seit 10 Tagen in Sicht kam — die Küste von England. Wenige Stunden Fahrt genügten, um uns der letzteren so nahe zu bringen, daß man mit dem bloßen Auge die Berge u. s. w. erkennen konnte. Die Fahrt durch den englischen Kanal bei so wundervollem Wetter, wie wir es hatten, bietet gar viel des

— 19 —

Der Eddystone Leuchtthurm.
Im englischen Kanal, nahe Portsmouth.

Schönen; es ist aber schon so häufig darüber geschrieben und berichtet worden daß ich mich füglich von derselben Arbeit dispensiren kann.

Im Kanal erhielten wir unseren Lootsen, der uns bis zur Mündung der Schelde, an welcher Antwerpen liegt, brachte, und zwar bis zum holländischen Städchen Blissingen.

Majestätisch fuhr unser Dampfer in die Schelde, welche hier etwa 2 Meilen breit ist, ein. Alle Passagiere waren auf dem Verdeck, um sich an dem köstlichen Panorama, das sich unseren Blicken zeigte, zu erfreuen Ich habe noch keine schönere Einfahrt gesehen, als diese; schön ist die Fahrt die Elbe hinauf nach Hamburg und ebenso die Einfahrt nach New York, aber die malerischen Ufer der Schelde übertreffen beide bei Weitem.

An der Mündung der Schelde.

Vorn am Bugsprit stand ein älterer Herr und starrte unverwandt nach dem rechten Ufer, dem wir uns mehr und mehr näherten, und als die ersten Ziegeldächer der niedrigen Häuser zum Vorschein kamen, da perlten helle Tropfen seine Wangen hinunter, unbewußt und ungeahnt. Augen, die es längst verlernt, sie brachten das Gefühl, welches die Brust des Mannes durchzitterte, zum Ausdruck, und Thränen waren der erste Gruß an die alte, so lang verlassene und niemals vergessene Heimath. 37 Jahre waren es her, daß dieser Mann Deutschland verließ; ein 18=jähriger lustiger Bursche drückte damals der Mutter die Hand, die ihm ihren Segen auf den Mund küßte. „Leb' wol, mein Sohn, bleib' brav und gut und vergiß uns nicht" — das waren die Abschiedsworte. Die Stürme des Lebens verschonten den Braven nicht. Mühsam mußte er sich in dem gelobten Lande durchschlagen. Als Deckarbeiter auf den Ohio- und Missisippi-Dampfern zu arbeiten, als Packträger zu dienen, oder in californischen Minen zu graben, es ist wahrlich keine ganz leichte Arbeit. Aber schließlich war denn doch eine sichere Existenz gegründet und eine liebende Familie umgab ihn. Und von Jahr zu Jahr nahm sich unser Mann vor, Deutschland und das alte Mütterlein zu besuchen; aber ein Jahrzehnt nach dem anderen schwand und immer wieder kam etwas dazwischen. Das Mütterlein war eine Greisin geworden, aber nicht einmal in der langen Zeit hatte sie um den Besuch des Sohnes gebeten, er hatte ja versprochen zu kommen und würde Wort halten; er müßte es am Besten wissen, wann und ob er abkommen könnte. Und nun war ihr heißer Wunsch nahezu erfüllt. Welche seligen Gedanken durchzitterten die Brust des Mannes, als er da vorn stand und sich das Wiedersehen ausmalte! — Da zeigt sich das Depeschenboot der Red Star Linie; mit einem kräftigen Hurrah begrüßt, legt es an unserem Dampfer an. Ein Beamter der Kompagnie steigt an Bord und händigt uns eine Anzahl Briefe und Telegramme für Passagiere ein. Es befindet sich darunter auch eine Depesche für den eben Erwähnten. Was enthält das Stückchen Papier? Wie kommt es, daß uns ein eigenthümliches Gefühl beschleicht, als wenn das Unglück dem Manne nahe? Zögernd

Signalisiren eines begegnenden Dampfers.

überreichen wir ihm die Botschaft. Haftig wird sie erbrochen und gelesen. Die Depesche entfällt seiner Hand, gebrochen lehnt er an der „Railing" und weint und schluchzt wie ein Kind. „Bitte lesen Sie", sagt er endlich; die Depesche enthält die Nachricht, daß das treue Mutterherz, das den Sohn so treu geliebt, ausgeschlagen habe und am 18. Juni zur Erde bestattet worden sei. Stumm drücken wir dem Gebeugten die Hand. O, du armer, armer Mann! — Such is life.

In Antwerpen.

Immer mehr nähern wir uns Antwerpen, und immer lebendiger, immer malerischer, immer interessanter wird das Bild, das sich unseren Blicken zeigt. Schon lange haben wir den Thurm der Kathedrale gesehen. Was ist das für eine köstliche Melodie, die plötzlich, wie aus den Wolken kommend, unser Ohr überrascht? Pfui, die warnende Dampfpfeife erstickt jede Note. Aber nun hören wir die Melodie wieder. Wir lauschen abermals. Es ist gerade, als wenn eine mächtige Musikdose weit entfernt von uns spielt. Weich und zitternd in einem Moment und stark und rauschend im nächsten. Deutlich erkennen wir die Melodie. Das sind die Glocken der Kathedrale von Antwerpen, die alle Viertelstunden spielen und den Fremdling bewillkommnen.

Das Ausschiffen ist keine schwere Arbeit in Antwerpen. Alles geht mit musterhafter Ruhe und Ordnung vor sich. Man wird nicht, wie in anderen Städten, von Kutschern oder „Runnern" belästigt. Die Droschken fahren der Reihe nach vor und warten bis man sie engagirt. Keiner unternimmt es, den fremden Ankömmling zu bestürmen oder zu drangsaliren. Der Kutscher sieht uns höchstens mit einem fragenden Kopfnicken an, während man in anderen Städten von diesen Kerlen fast in Stücke zerrissen wird. Und trotzdem sieht man wenig oder gar keine Polizei in Antwerpen. Auch die Zollbeamten sind bei der Landung in Antwerpen sehr höflich; eine Frage nach Taback und Spirituosen und eine höchst oberflächliche, rein formelle Untersuchung, dann kann man seiner Wege gehen, resp. eine der zahlreichen am Dock wartenden Droschken besteigen und in sein Hotel fahren. Die Droschken sind fabelhaft billig. Für anderthalb Franks (dreißig Cents) müssen sie eine Fuhre innerhalb der Stadtgrenzen machen, ganz einerlei, ob eine Person oder vier zu befördern sind. Steigen ihrer Viere ein, so macht dies etwas über 7 Cents die Person.

Die Straßen sind in sehr gutem Zustande, wolgepflastert und sehr rein gehalten. Das Pflaster besteht aus kleinen viereckigen Granitblöcken. Es gibt keine besonderen "Crossings", aber man kann selbst im Regen von einer Seite der Straße auf die andere gehen, ohne in Schmutz und Koth zu versinken. Die Trottoirs sind, wie in den meisten alten Städten Europa's, ziemlich eng, und so kommt es häufig vor, daß Herren und Damen — selbst im Regen — mitten auf dem Fahrweg gehen, der reiner ist, als unsere "Crossings". Die Güte und Reinlichkeit europäischer Straßen fällt dem reisenden Amerikaner vor allem Anderen in's Auge. Es gibt hier keine tiefen Löcher, keine Gruben, keine hoch über das Niveau starrenden Eisenbahn-Geleise, keine jahrelangen Schmutz-Ansammlungen!

Der Name Antwerpen hat seinen Ursprung in der Fabelzeit des grauesten Alterthums. Es soll hier nämlich ein grausiger

Riese gehaust haben, der die Schiffer auf der Schelde nöthigte, ihm hohe Zölle zu bezahlen. Wer sich dessen weigerte, oder sich durchzuschmuggeln suchte, dem schnitt er die Hände ab, und warf sie in den Fluß. Daher der Name Handwerfen, plattdeutsch: „H a n d w e r p e n", zuletzt—Antwerpen Das grausame Vergnügen fand jedoch seine gerechte Strafe. Weiter südlich wohnte ein guter Riese, Namens B r a b o. Der kam und schlug den bösen Handwerfer todt, und nach ihm wurde das Land B r a b a n t genannt. Die Hände aber, — zwei abgeschnittene Hände — finden sich noch immer in dem Stadtwappen von Antwerpen.

Und wahrlich, man fühlt sich in's Mittelalter zurückversetzt, wenn man die krummen Straßen der alten Stadttheile durchwandert und die hohen Giebelhäuser betrachtet, die sich treppenartig nach oben zuspitzen. Die Neuzeit räumt jedoch in allen Richtungen mit diesen Ueberresten der Vorzeit auf. Das demokratische Neuzeits-Kin, der Straßeneisenbahnwagen, rollt ohne heilige Scheu durch die ältesten Quartiere. Der Fahrpreis ist ein sehr billiger, dreißig Centimes oder drei Cents nach unserem Gelde.

Der Mittelpunkt des Verkehrs und Hauptplatz der Stadt ist die „Place Verte" (Groenplaats). Am Ende desselben steht die Kathedrale, ein imposantes Bauwerk, und die hauptsächlichste Sehenswürdigkeit in Antwerpen. In derselben befindet sich das herrliche Meisterwerk von Peter Paul Rubens, die Kreuzabnahme Christi. Die Kreuzerhöhung und die Himmelfahrt, gemalt von demselben Meister, befinden sich ebenfalls in der Kathedrale und werden die beiden letzteren Gemälde von Kennern fast dem ersteren gleich geschätzt. Neben dem westlichen Portale der Kathedrale befindet sich der schmale Eingang zu dem wunderbaren Thurme. Eine enge Wendeltreppe von 500 Stufen führt zur ersten Gallerie, eine andere von 100 Stufen zur zweiten, dicht unter den Glocken, 99 im Ganzen. Die letzteren variiren in der Größe, von der Riesenglocke, genannt der große Karl, (welche Karl der V. einweihte), die 16,000 Pfund wiegt, bis zu der allerkleinsten, nicht größer wie eine Tischglocke. 350 Jahre haben diese Glocken nun alle Viertelstunden geläutet; während der schrecklichen Zeit der spanischen Inquisition, unter dem rachsüchtigen Herzog Alba, der hunderte von Bürgern auf das Schaffot schickte, während der Belagerung und Eroberung der Stadt durch die Franzosen, immer haben die Glocken der Kathedrale ihre weichen und ergreifenden Melodien hören lassen. —

Das Museum in Antwerpen enthält 600 Bilder, welche fast alle von flämischen Meistern gemalt sind. An jedem Bilde befindet sich der Name des Malers. Von Rubens ist im Museum eine vollständige Sammlung seiner Meisterwerke ausgestellt. Von sonstigen Malern nenne ich Van Dyck, Quintin, Matsys, David Teniers, Jordaens, DeCraeyer, Zeger und Snyders.

Antwerpen zählt augenblicklich etwa 200,000 Einwohner und wird für die Verschönerung der Stadt sehr viel gethan. Die Boulevards, viele Meilen lang, sind prachtvoll angelegt und wird man nicht müde, dieselben immer und immer wieder zu durchfahren. Die Einwohner sind sehr höflich und zuvorkommend; die gebildeten Leute sprechen fast durchgängig, neben der flämischen Landessprache, französisch, deutsch und englisch. Während unseres Aufenthaltes besuchten wir auch den Jahrmarkt, und haben uns an dem bunten Leben, das so recht einen Einblick in den originellen Volks-Charakter gewährt, höchlichst ergötzt. Auch an Vergnügungs-Orten darf es in einem so bedeutenden Seehafen nicht fehlen, von den ordinärsten bis zu den feinsten. Wenn man des Abends am Fluß in der Nähe der Landungsplätze durch

die Thüren und Fenster der vielen Matrosen=Kneipen und Tanzsa=
lons blickt, da wundert man sich nicht, woher die Meister der flämi=
schen Malerschulen ihre Figuren genommen haben. Die Haupt=
Vergnügungsplätze jedoch befinden sich in dem neuen Stadttheil in
der Nähe der Eisenbahn; dort ist u. A. das Café „Eden", eines der
schönsten unter den kleineren Concert= und Restaurations=Loka=
len Europa's. Ein Orchester und ein Doppel=Quartett mittel=
mäßiger Tyroler=Sänger concertirten für fünfzig Centimes Ein·
tritt. Nicht weit davon ist das Café „Valentino", ein den
Pariser „Follies Bergeres" nachgebildeter Sammelplatz der Demi
Monde. Man bezahlt 25 Centimes Eintritt, die man vertrinken
darf.. Die Vorstellungen sind miserabel und auch nicht der ei=
gentliche Zweck des Concerts. Vier oder fünf Frauenzimmer in
Tricots und Fancy=Kostüm sitzen als Zugmittel auf einer kleinen
Bühne. Das Publikum wogt jedoch nach allen Seiten hin und
her, und bekümmert sich wenig oder gar nicht um die Vorstellun=
gen, die dem Variety=Genre angehören.

 Am Eisenbahnhof herrscht dieselbe musterhafte Ordnung, die
am Landungsplatz der Dampfschiffe gefunden wird. Keine Be=
stürmung oder Prellerei! Die Leute, welche die Koffer von den
Droschken nehmen und in die Gepäck=Expedition tragen, gehören,
wie es scheint, zu dem Bahnpersonal und sind mit einer kleinen
Vergütung zufrieden. Sie sorgen dafür, daß das Gepäck gewo=
gen wird und der Reisende seinen Schein bekommt. Man kann
deutsch zu ihnen sprechen und wird verstanden werden. Wer
aber Plattdeutsch kann, der wird sich noch leichter verständlich
machen. ·Hotel=Omnibusse, wie bei uns, gibt es hier keine.
Ganz in der Nähe des Bahnhofs und an diesen anstoßend befinden
sich der zoologische Garten, der sich einer ziemlichen Berühmtheit
erfreut, sowie schattige Promenaden für Spaziergänger mit Bän=
ken und Grasplätzen.

Nach und in Köln.

Nachdem wir uns einen Tag in Antwerpen ausgeruht, nahmen wir von denjenigen unserer bisherigen Reisegefährten, die gleich uns im Hotel St. Antoine abgestiegen waren, Abschied, um nach Köln und Deutschland zu reisen.

Die Reise durch Belgien bis nach Aachen ist eine sehr interessante und bietet viel des Sehenswerthen. Der Weg geht durch reiche, gesegnete Fluren und mit Wolgefallen ruht das Auge auf den üppigen Feldern und Gärten. Wir lesen in unseren amerikanischen Zeitungen gar häufig von den merkwürdigen Entscheidungen, welche die Zollbehörden in Deutschland treffen, und ich kann diese Zoll-Curiosa um eins bereichern. Auf dem Bahnhof in Lüttich kauften wir eine Zinnschachtel mit französischem Confekt zum Preise von 5 Francs, an der sich unsere Gesellschaft im Coupé delektirte. Die Schachtel war ungefähr halb voll, als wir in Herbesthal, der preußischen Grenzstation, eintrafen. Zollbeamte erschienen, die Handkoffer wurden geöffnet, oberflächlich durchgesehen und nichts Steuerbares gefunden; da fiel das Auge des einen Beamten auf die Schachtel mit Confekt und — 4 Mark 50 Pfennige Steuer war die höfliche, aber sehr bestimmte Forderung. Unsere Weigerung zu zahlen und lieber die „Box" zum Fenster hinauszuwerfen, wurde ebenso bestimmt und ebenso höflich als nicht zulässig erklärt. Und erst als der Beamte durch unser Englisch-sprechen ausfand, daß wir Amerikaner seien, gab er uns den Rath, den Confekt aus der Schachtel zu nehmen, unter uns zu vertheilen und das Kistchen unter den Sitz zu werfen, dann würde er das letztere nicht sehen und wir brauchten keinen Zoll zu zahlen. Natürlich geschah es. Eßwaaren scheint es, werden, wenn sie sich in Verpackung, nicht lose, befinden, in Deutschland sehr hoch versteuert; ebenso

Büchsen von Zinn als Luxusgegenstände, und außerdem auch noch die lithographirten farbigen Etiquetten. Summa Summarum 4 Mark 50 Pfennige!

Die einzige wirkliche Sehenswürdigkeit in Köln ist der Dom, ein Wunderbau. Schon im Jahre 1248 begonnen, ist er erst vor wenigen Jahren wenigstens soweit vollendet worden, daß er als Ganzes aussieht. Gebaut am Dom wird aber immer noch und ganz fertig wird er wol niemals werden. Wenn man in den Dom eintritt, so erscheint sofort aus irgend einem verborgenen, dunkeln Winkel ein Führer, der sich erbietet alles Sehenswerthe zu zeigen. Gnade Gott, wenn man unglücklicher Weise englisch spricht; Engländer und Amerikaner werden am Rhein als gute Beute angesehen, vom Hausknecht bis zum Eigenthümer des Hotels. Nicht einmal das Waschwasser ist umsonst, für Alles muß berappt werden. Im Dom weiß der „Führer" so viele Sehenswürdigkeiten zu zeigen, er plappert wie ein lebendiges Konversations-Lexicon, und versucht sich sogar in haarsträubendem Englisch, daß man schließlich ein sehr energisches Halt zurufen muß, um ab und los zu kommen, natürlich nicht ohne vorher ganz gehörig ge=„fleeced" worden zu sein. Die Aussicht von der Spitze des Doms ist eine überraschend schöne, und obgleich das Hinaufsteigen durchaus keine leichte Arbeit ist, fühlt man sich reichlich entschädigt für die Mühe, wenn man das Panorama zu Füßen erblickt. In den acht Kapellen des Chors befinden sich die Ruhestätten vieler kölner Erzbischöfe, unter ihnen die des Erzbischofs Konrad von Hochstätten, des Gründers des Doms.

Unter den vielen anderen Kirchen Kölns ist die von St. Ursula bemerkenswerth, in der sich die Gebeine der von den Hunnen hingeschlachteten 11,000 Jungfrauen befinden sollen. Der zoologische Garten, welcher früher berühmt war, hat seine Bedeutung

Der Dom in Köln.

zum großen Theile verloren, als schöne Promenade aber steht er immer noch groß da. — Das ä ch t e Eau de Cologne wird von etwa 40 verschiedenen Fabriken fabrizirt und jede derselben „claimt", daß das ihrige der richtige wahre Jakob sei. Man kann deßhalb nicht gut fehlgehen und mit dem süßen Bewußtsein von Köln scheiden, daß man wirklich und wahrhaftig ä ch t e s kölnisches Wasser gekauft habe.

Den Rhein hinauf bis Koblenz,

mit einem der hübschen Rheindampfer, war unser nächstes Ziel. Es war an einem Sonntage und prachtvolles Wetter, das von Tausenden zu Ausflügen benutzt wurde. Jeder Rheindampfer, der uns begegnete, war festlich geschmückt und die Gesichter der Reisenden zeigten sonntägliche Feststimmung. Die Rheinländer sind ein munteres, geselliges Völkchen, die das Leben von der heitersten Seite zu nehmen verstehen. — Da Bad Ems nur etwa eine Stunde von Koblenz entfernt ist, und wir hörten, daß Kaiser Wilhelm dort sei und die große Kaiserregatta am selben Tage abgehalten werden sollte, nahmen wir Wägen und fuhren hin.

B a d E m s liegt idyllisch schön und ist einer der schönsten Punkte Deutschlands. Die Anlagen sind großartig und besonders erwähnenswerth ist die Blumengärtnerei, welche überall, von lebenden Blumen formirt, den Augen Embleme, Wappenschilde und dergleichen bietet. Kaiser W i l h e l m wohnte der Regatta bei und vertheilte die Preise; den ersten erhielt die Frankfurter Rudergesellschaft. Wir sahen den Kaiser vor dem Kurhause in seinen Wagen einsteigen. Er sieht durchaus nicht den Bildern mehr ähnlich, die überall in Zeitschriften zu sehen sind; der stramme Soldat, wie er gewöhnlich abgebildet wird, ist ein Greis von 86 Jahren. Als er in den Wagen stieg, auf den Arm eines Kammerherrn gestützt, sah man ihm die Müdigkeit und Abspannung an; mir kam es vor, als wenn er viel lieber zur Ruhe gegangen wäre. Als die Tausende von Menschen in ein donnerndes Hoch ausbrachen, erhellte ein mattes Lächeln die Züge und ebenso matt war die Bewegung nach dem Hute, um zu danken. Auch wir amerikanischen Republikaner nahmen die Hüte ab und stimmten in das Hurrah ein; wir ehrten den Helden, den Einiger Deutschlands und den ehrwürdigen Greis.

III.

Von Koblenz bis Mainz.

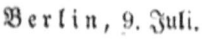

Berlin, 9. Juli.

Koblenz liegt gerade im Centrum des schönsten Theiles der Rheingegend und ist ein beliebter Haltplatz aller Touristen zwischen Köln und Mainz. Die Mosel ergießt sich hier in den Rhein. Gegenüber liegt die bekannte Festung Ehrenbreitstein — ein wirkliches Gibraltar des Rheins. Millionen und aber Millionen hat die Herstellung dieser Zwingburg gekostet und immer noch wird an derselben gebaut. Die Aussicht von der Höhe des Ehrenbreitstein auf den Rhein ist eine wunderbar schöne, und entzückend ist eine Fahrt zu Wagen den Fluß entlang bis zur Lahn. Wir fuhren von Koblenz den Rhein mit einem schnellen Flußdampfer hinauf und hatten — bei dem prächtigen Wetter — vollauf Gelegenheit, die Schönheiten der Szenerie an beiden Flußufern zu bewundern.

Jeden Augenblick wechselt die Landschaft, immer neue und interessante Punkte vorführend. Jeder Felsen, jede Ruine hat seine Geschichte. Lebhaft traten vor unser geistiges Auge die Tage unserer Kindheit, als wir athemlos und mit glühenden Wangen die alten Legenden erzählen hörten, von den Raubrittern und Edelfräuleins, von den Wassernixen und Gnomen und von den Heldenthaten Siegfrieds und seinem Tode. Alles mahnt hier an die glücklichen, goldenen Jugendjahre! Da sehen wir auch den Mäusethurm bei Bingen und wir erinnern uns wieder an den grausamen Bischof, der seine Unterthanen lieber verhungern ließ, als das Getreide zu einem billigeren Preise abgeben wollte, und zur Strafe dann schließlich von Mäusen aufgefressen wurde. Wir passiren den Lorelei Felsen, der sogar den Skeptiker Heinrich Heine zu seinem schönen und allüberall, wo es Deutsche giebt, gesungenen: „Ich weiß nicht was soll es bedeuten, daß ich so traurig bin", begeistert hat. — Ja, romantisch ist die Rheinfahrt! — Es ist unter den Amerikanern Mode geworden, den Rhein zu bekritteln und denselben mit ähnlichen Flußpartien in unserem Lande zu vergleichen. Vorzugsweise und vielleicht mit gerechtem Stolze weist der Amerikaner auf die großartigen Szenerien am Hudson Flusse, zwischen Albany und New York hin. Es scheint uns aber, als wenn ein solcher Vergleich nicht zulässig wäre. Unser Hudson ist wild, großartig, energisch, gerade wie der amerikanische Volks-Charakter; — der deutsche Rhein „fließt ruhig", seine Ufer brausen nicht über, eine elegische Stimmung herrscht, die sich nicht leicht aus der Fassung bringen läßt, es ist Alles wolgeordnet und anheimelnd — so ist auch der Charakter der Bewohner am Rhein. Könnte man den deutschen Rhein nach Amerika bringen, er würde dort verschwinden und unbeachtet bleiben. Der Amerikaner würde nicht im Stande sein, die Schönheiten und die Poesie des Rheins zu verstehen. Aber gerade so wenig, behaupte ich, würde unser Hudson, nach Deutsch= land gebracht, in Uebereinstimmung mit der althergebrachten An= schauungsweise und dem Denken und Fühlen des deutschen Vol= kes sein.

Ueberhaupt halte ich es für höchst unrecht, wenn der Ame= rikaner, welcher in Deutschland reist, sich über Alles lustig macht und raisonirt und Vergleiche zwischen unserem Lande und Deutsch= land zieht. Gewiß, es giebt viele Dinge, die uns Amerikanern hier in Deutschland sehr unangenehm auffallen. Vieles könnte anders und besser sein. Aber auch wir können noch viel, sehr viel lernen, und die Vergleiche, welche der ruhige, vorurtheilslose Beobachter anstellt, sie fallen manches Mal durchaus nicht zum Vortheile unseres neuen Vaterlandes aus. Ich werde später einige Dinge anführen, die mir aufgefallen sind und die sicherlich nicht dazu beitragen, den Aufenthalt in Deutschland zu einem angeneh= men zu machen, aber deßhalb den Stab über Alles brechen und verächtlich die Achseln zu zucken und mit aller Gewalt die Augen vor dem zu schließen, was Deutschland ist und geleistet hat, und wo wir Amerikaner oder irgend eine andere Nation, uns ganz getrost ein Beispiel nehmen dürften, das fällt mir nicht im Traume ein. — —

In Mainz hielten wir uns einen Tag auf und besuchten u. A. die schöne Kathedrale mit ihren rothen Sandsteinmauern, an denen in den vielen Belagerungen tausende von Bomben und Granaten zerschmettert sind, die deutlich wahrnehmbare Eindrücke hinterlassen haben. Unter den vielen alten Grabmälern in der Kirche ist wol das Bemerkenswertheste die Gruft, in welcher die Gemahlin Karls des Großen ihre letzte Ruhestätte gefunden hat. Nahe der Citadelle befindet sich ein uraltes, thurmartiges Ge= mäuer, das angeblich im Jahre 9 vor Chr. von römischen Legio= nen zu Ehren des Drusus Germanicus erbaut wurde.

Der Stadt Mainz ist die Welt auch für die Druckerpresse zu Dank verpflichtet, denn Guttenberg, der Erfinder derselben, ist in Mainz, No. 23 Emmerans-Gasse in einem Gebäude geboren, das heute noch die Inschrift „Hof zum Gensfleisch" trägt. Thorwaldsen's Statue des großen Erfinders befindet sich auf dem Guttenbergplatz, nahe der Kathedrale. Außer diesen Sehenswürdigkeiten bietet Mainz absolut gar nichts, es sei denn ein paar lumpige Tingeltangels der niedrigsten Sorte, wenn man die mit zu den Sehenswürdigkeiten zählt.

IV.

Frankfurt am Main.

Leipzig, 17. Juli

Frankfurt ist die Stadt Deutschlands, welche den größten modernen Finanzmann, Rothschild, und den größten deutschen Dichter, Göthe, hervorgebracht hat. In dem alten Judenviertel, der nun ebenfalls modernisirten Judengasse, No. 148, steht heute noch Rothschild's Geburtshaus, und in No. 20 Großer Hirschgraben, ist Göthe's Haus, ein palastähnliches Gebäude. „In diesem Hause", sagt die Inschrift, „wurde Johann Wolfgang Göthe am 28. August 1749 geboren". Der Hirschgraben endet auf dem Großen Roßmarkte, in dessen Mitte das prachtvolle Monument von Guttenberg, Faust und Schöffer steht. Faust, der Gehülfe Guttenberg's, und Schöffer derjenige, welcher das Geld bei den Druckversuchen vorstreckte. Die alten

Festungswerke Frankfurts sind längst gefallen, und an ihrer Stelle sind wundervolle Promenaden geschaffen worden, die sich um die ganze Stadt herumziehen.

In Frankfurt besichtigten wir auch den großen Turnplatz, auf welchem im Jahre 1880 das deutsche Turnfest abgehalten wurde. Zu sehen war aber Nichts mehr; die Gebäude waren längst abgerissen, und da, wo der betäubende Beifall von vielen Tausenden wiederhallte, als die wackeren Milwaukeer Turner sich die Preise eroberten, waren Kartoffeln angebaut. Sic transit gloria mundi! Auch dem amerikanischen Hauptquartier von damals, der Bavaria, statteten wir Besuche ab, und als es dort bekannt wurde, daß wir von Amerika seien, hatte sich bald eine Gruppe um uns gesammelt, die sich eifrig nach Bekannten erkundigte. Die Herren und Damen von Amerika, welche damals in der Bavaria verkehrten, sind heute noch in gutem Andenken und von mehr wie einer Seite wurde uns gegenüber bedauert, daß sie nicht Alle wieder mitgekommen seien.

Der Palmengarten in Frankfurt ist eine großartige Schöpfung, die in den Jahren 1868—71 entstanden ist. Das Etablissement enthält ein prachtvolles Palmenhaus und reichhaltige Sammlungen von tropischen Pflanzen; ebenso prächtige Parkanlagen, die sich über ein großes Areal erstrecken, einen großen zu Bootfahrten benutzten See und eine ausgezeichnete Restauration, in der täglich 2 Mal durch ein Orchester von 40 Mann concertirt wird.

Von den sonstigen Sehenswürdigkeiten will ich noch das am 28. Oktober 1880 eröffnete Opernhaus erwähnen, welches nach Plänen des verstorbenen Berliner Architekten, Prof. Richard Lucae, mit einem Kostenaufwand von 7 Millionen Mark erbaut wurde. Dieses Opernhaus ist wol der größte und schönste Musentempel Deutschlands. —

Eine Unannehmlichkeit in Deutschland, welche uns Amerikanern auffällt und auf die ich schon hinwies, sind die Zeitungen hierzulande. In Amerika sind wir gewohnt, Morgens beim Kaffee die Neuigkeiten der ganzen Welt zu lesen, und wenn früh um 3 Uhr ein Mord verübt wird, oder ein großer Brand ausbricht, so sind wir sicher und jeder Zeitungsleser verlangt es, einen Bericht darüber um 7 Uhr zu lesen. Eine Zeitung, die das nicht thun würde, wäre bald ohne Leser. Und wenn z. B. die Lokal-Redaktion einer Zeitung den Lesern mittheilen würde, daß um 10 Uhr Nachts, oder 1 Uhr Morgens, etwas Wichtiges passirt sei, aber „die Redaktion „g e s ch l o s s e n" und Mittheilung des Wichtigen erst am nächsten Tage erfolge", was würde das Resultat sein?! Derartiges aber passirt hier fast in jeder Nummer jeder deutschen, auch der größten Zeitungen. Die meisten Redaktionen machen es sich so bequem, daß die Zeitungen vom 17. Juli z. B. s ch o n am 16. publizirt werden, und daß da von Neuigkeiten keine Rede sein kann, versteht sich wol von selbst. Mit Hofnachrichten und Militär-Angelegenheiten, sowie schwulstigen Leitartikeln, Bandwürmern von 5 und 6 Spalten, die kein Mensch liest, sind die Zeitungen angefüllt. Von Neuigkeiten ist keine Spur, und selbst Lokal-Neuigkeiten, in der allernächsten Nähe passirt, liest man hier erst 2 und 3 Tage, nachdem sie vorgefallen sind. Der durchschnittliche Deutsche weiß es auch gar nicht anders und hat kein Verlangen, besser bedient zu werden. Immer langsam voran, ist das Sprichwort heute noch gerade so, wie es immer früher gewesen ist. Bequemlichkeit geht dem Deutschen über Alles. Das ist der Fall von oben herunter bis zu dem niedrigsten Arbeiter.

Beispielsweise will ich erwähnen, daß die Nachricht von der Hinrichtung Guiteau's erst am 3. Juli in den deutschen Zeitungen als „D e p e s ch e" von Washington erschien, das ganze Item war in 3 Zeilen abgemacht. Die Londoner Times hatte in ihrer Ausgabe vom 1. Juli eine lange 1½=spaltige Kabeldepesche über die Hinrichtung, aber nicht eine einzige große deutsche Zeitung, nicht einmal die Kölnische Zeitung, oder das Berliner Tageblatt, oder die Hamburger Nachrichten, haben Unternehmungsgeist genug gehabt, diese Spezial=Depesche, wenigstens theilweise, zu übersetzen und ihren Lesern zu bringen. Man mag hiergegen einwenden, daß amerikanische Nachrichten das deutsche Publikum nicht interessiren, aber dieser Grund ist durchaus nicht stichhaltig, denn bei allen anderen Gelegenheiten geht es gerade so. Nachrichten von dem egyptischen Kriegsschauplatze, die doch ganz Europa, inclusive Deutschland, angehen, liest man in deutschen Zeitungen erst 3 Tage, nachdem sie passirt sind, und einigermaßen ausführliche Mittheilungen über die Beschießung Alexandriens fingen erst am 16. Juli an, in den deutschen Zeitungen ihr unterthänigstes Erscheinen zu machen. Der Ausländer in Deutschland, welcher sich einigermaßen auf dem Laufenden erhalten will, ist faktisch gezwungen, englische oder französische Zeitungen zu lesen. — Das ist durchaus keine solche Kleinigkeit, wie mancher Leser denken mag; man lernt erst die amerikanische Zeitung schätzen, wenn man sie nicht jeden Morgen lesen kann.

V.

Cassel.

Venedig, 25. Juli.

In Cassel besuchten wir die berühmte Gemälde-Gallerie, die außer dem Schloß Wilhelmshöhe wol die größte Sehenswürdigkeit der Stadt ist. Gegründet ist die Sammlung von Landgraf Wilhelm III., der in den 20er Jahren des vorigen Jahrhunderts mehrere ausgezeichnete Privatsammlungen in Holland aufkaufen ließ. Der größte Kauf war die Renon'sche Sammlung in Amsterdam, die für 40,000 holländische Gulden im Jahre 1737 angekauft wurde. Es befanden sich darunter sehr werthvolle Gemälde von Rembrandt, Potter und Wouvermann. Vorwiegend in der Casseler Gallerie ist die holländische Schule. Im Jahre 1806 wanderte die ganze Sammlung als Kriegsbeute nach Paris, fand sich aber 1815 zurückerobert wieder ein. Allerdings fehlten eine große

Anzahl der werthvollsten Gemälde, die unter der französischen Herrschaft verschwunden waren.

Auch die unzeitige Galanterie des galanten russischen Kaisers Alexander entzog der Sammlung eine Anzahl kostbarer Gemälde; derselbe kaufte sie nämlich 1815 um einen hohen Preis der Ex-Kaiserin Josephine, der ersten und verstoßenen Gemahlin des großen Napoleon, von dem sie der Dame geschenkt waren, ab, um die Letztere für den bevorstehenden Verlust zu entschädigen. Jedoch ist in der reichen Gallerie des Trefflichen noch genug vorhanden, um den Ruhm der Sammlung, an niederländischen Meistern neben Dresden und München die reichste Deutschlands zu sein, aufrecht zu erhalten.

Bis zum Jahre 1866 war die Gallerie nur gegen hohe Eintrittsgebühr zugängig, dann aber ist es unter preußischer Herrschaft anders geworden, und die Gallerie kann jetzt jederzeit frei besichtigt werden.

Schloß Wilhelmshöhe, bekanntlich dem gefangenen Napoleon III. nach der Schlacht bei Sedan im Jahre 1870 als Aufenthaltsort angewiesen, ist eines der schönsten Schlösser Deutschlands. Die Park-Anlagen und Wasserwerke sind über alle Beschreibung schön. Die Fürsten von Hessen haben das viele Geld, das sie aus dem Blute der Landeskinder herauszupressen verstanden, theilweise in Prachtbauten angelegt. — Die Anlagen um und in Cassel sind alle sehr schön und lohnt es sich, dieselben anzusehen und die herrliche Aussicht auf das zu Füßen sich entrollende Panorama zu genießen. Das Marmorbad, in welchem König „Lustik", der Bruder des ersten Napoleon, in Rothwein zu baden pflegte, kann man auch noch in Cassel sehen; ja, es werden jetzt noch den gläubigen Besuchern rothe Flecken auf dem Marmorboden des Bades gezeigt, die angeblich noch von dem vielen Rothwein herrühren sollen. Wer's nicht glaubt, braucht natürlich keinen Thaler zu zahlen. Thatsache ist aber, daß der Rothwein n a ch dem Gebrauch von den Bedienten in Flaschen aufgefüllt und verkauft wurde, und mit besonderer Genugthuung wird erzählt, daß sogar der Monsieur „Immer Lustik" selbst diesen Wein habe trinken müssen.

Von Cassel nach Hannover

fährt man durch eine reiche und gesegnete Gegend. Alles zeugt von Wolstand und Fleiß. Die Ernte muß dieses Jahr in Deutschland ganz glänzend ausfallen, denn allüberall, wo wir noch gewesen sind, am Rhein sowol, wie in Süd= und Norddeutschland, stehen die Saaten üppig; nirgends bemerkt man, daß Ursache zur Unzufriedenheit vorhanden wäre. — Es kommt dem Amerikaner unheimlich vor, wenn er sieht, wie Frauen und Mädchen im Schweiße ihres Angesichtes arbeiten. Auf den Feldern sieht man fast nur Personen weiblichen Geschlechtes, die Männer sind weiß Gott wo; wahrscheinlich erschien es uns, als wenn sie alle im bunten Rocke exerzieren müßten und keine Zeit für irgend etwas Anderes als das bewußte zweierlei Tuch hätten. Auch in den Städten sieht man das weibliche Geschlecht harte, nein, die härtesten Arbeiten verrichten, die eigentlich von Rechts wegen nur den Männern zukommen. Da sieht man bei einem Neubaue z. B. Frauen und Mädchen, hochgeschürzt bis an die Knie, Mörtel auf den Schultern bis in den 3. Stock hinauftragen. Unermüdlich klettern sie mit der schweren Last die steilen Leitern hinauf und wieder herunter, während oben die Maurer, mit brennenden Pfeifen im Munde, mit der bekannten Langsamkeit und Gründlichkeit es ziemlich „easy" nehmen. Dann sieht man wieder Frauen, in Verbindung mit einem oder zwei großen Hunden, schwer bepackte Handwagen ziehen und sich abquälen. In Deutschland nimmt Niemand Anstoß an dergleichen, und wenn man einmal im Gespräche auf dieses Thema kommt und Vergleiche anstellt, so kann man an den Gesichtern der Zuhörer deutlich erkennen, wie spanisch es ihnen vorkommt, daß in Amerika solche Arbeiten den Frauen nicht zugemuthet werden. —

In der Gemüthlichkeit wird in Deutschland noch immer Unglaubliches geleistet; speziell die Art und Weise des Geschäftsbetriebes zeigt heute noch den alten hergebrachten Schlendrian. Vor 8 oder 9 Uhr werden überhaupt keine Geschäfte angefangen, dagegen wird der „nothwendigen" Mittagsruhe eifrig von 12 bis 3 Uhr obgelegen. Während dieser Zeit sind alle Comptoire und sogar die meisten Geschäfts-Lokale einfach geschlossen; wer um diese Zeit kommt, kann Nichts thun und muß wiederkehren. Und das ist nicht, wie man irriger Weise annehmen könnte, blos in kleineren Orten der Fall, sondern diese Mode spielt in Frankfurt und Hamburg ebensowol wie in Berlin, Leipzig, Wien und München. Das hastige Jagen nach Besitz, wie in den Vereinigten Staaten, ist hier unbekannt. Dem durchschnittlichen Deutschen geht Nichts über seine alte hergebrachte Bequemlichkeit. Ihn davon abzubringen, erscheint als eine Sysiphus-Arbeit. Das Bier und die Gemüthlichkeit spielen in Deutschland eine große, nein, die bedeutendste Rolle. Wehe dem, der das zu nehmen versuchen würde. Das scheint auch der Grund zu sein, weshalb die Regierungen so leichtes Spiel haben. Denn wie und was hier Alles regiert wird, davon haben wir Deutsch-Amerikaner, die wir schon viele Jahre fortgezogen sind von Deutschland, keinen Begriff mehr. Alles ist regulirt von oben herunter. Es ist ein wahres

Wunder, daß man nicht auch an den Straßenecken angeschlagen findet, wann und wie oft man nießen darf. Die kleinsten, lumpigsten Sachen, die sich ganz von selbst verstehen, werden durch lange offizielle Ankündigungen "regulirt", so daß man denn schließlich zu der Meinung kommen muß, daß die Regierung der Ansicht ist, unmündige Kinder vor sich zu haben Man denke sich, daß in der großen Stadt Leipzig an jeder Ecke mit Riesenbuchstaben bekannt gemacht wird, daß man "Rechts" fahren muß; das kommt Einem um so lächerlicher vor, wenn man beobachtet, wie der Wagenverkehr ein so geringer ist, daß manchmal eine halbe Stunde vergeht, ehe man überhaupt einem Wagen, der im Gange ist, begegnet. — Das Volk scheint sich indessen sehr wol unter diesen Bevormundungsgesetzen zu befinden. Es ist 'mal so zu des Großvaters Zeiten Sitte gewesen, warum sollte es denn jetzt anders sein. Diese Gleichgültigkeit gegen alle Neuerungen und die Urgemüthlichkeit, die über Alles geht, zeigen sich auch deutlich in den Gesichtern der Leute. Niemand "trubelt" sich. Jeder ist zufrieden — und deßhalb leben die Leute in Deutschland viel länger, als bei uns, wo Jedermann, wenn er vorwärts kommen will, gezwungen ist, Tüchtiges zu leisten und seinen Nachbar zu überflügeln. Da wundert man sich in Deutschland, daß es Vielen in Amerika gelingt, vorwärts zu kommen; ich behaupte, daß, wenn man in Deutschland so arbeiten wollte, wie wir in Amerika es müssen, man in Deutschland viel mehr zu Wege bringen würde, als bei uns. Wer in Amerika nicht arbeiten will, oder wer seine Geschäfte auf dieselbe Weise betreibt, wie es in Deutschland üblich ist, kommt auch bei uns zu Nichts.

Uebrigens sieht man von den angeblich schlechten Zeiten und von dem Mangel an Mitteln in Deutschland sehr wenig. In jeder Stadt und in jedem Orte gibt es eine Unmasse von Vergnügungs-Lokalen, eines schöner und größer wie das andere. Alle sind jeden Tag so besetzt, daß man jedesmal, wenn man hinkommt, Mühe hat, einen Platz zu erhalten. An allen Tischen sitzen vergnügte und lustige Personen, die sich Essen und Trinken wolschmecken lassen. Erst um 11 und 12 Uhr Nachts ist die Herrlichkeit zu Ende. Daß solche Vergnügungen viel, sehr viel Geld kosten, ist begreiflich. Die Preise in diesen Lokalen sind ganz anständig und deßhalb gehört Geld dazu, wenn man sie frequentiren will. Aber es ist Sitte, daß Nachmittags und Abends in einen Garten gegangen und dort getrunken und Abendbrod gegessen wird und dieser Sitte huldigt Alt und Jung. Mir ist es ein Räthsel, wo die Leute eigentlich das Geld zur Durchführung dieser Sitte hernehmen.

Daß bei solchen Gewohnheiten und solcher Anhänglichkeit an das Althergebrachte bei dem sogenannten Mittelstande kein großes Bedürfniß zur Auswanderung vorherrscht, erscheint begreiflich. Man findet wol hier und da Jemand, der Wunderdinge von dem gelobten Lande gehört hat und auch nicht abgeneigt wäre, uns dummen Amerikanern zu helfen, das lumpige Gold von den Straßen Amerika's aufzuheben, aber wenn diese Leute dann der Wahrheit gemäß hören, daß bei uns für das Geld gearbeitet werden muß, viel härter und viel energischer wie in Deutschland — dann kommt der Betreffende sehr rasch zu der Ansicht, daß Amerika eigentlich, wie er ja auch schon immer gesagt habe, das Land des Humbugs sei. Die Auswanderung rekrutirt sich vorzugsweise aus dem Bauern- und kleinen Handwerkerstande; der Bauer in Deutschland, unser späterer westlicher Farmer, ist eine sehr gute Acquisition für Amerika. Fleißig, brauchbar und, sobald er sich akklimatisirt hat, anstellig, gelingt es ihm in der kürzesten Zeit, sich eine angenehme und selbstständige Stellung zu sichern. Das ist hier bekannt genug, und deßhalb der Exodus aus Deutschland seitens der Bauern. Wenn man der Abfahrt eines der transatlantischen Dampfer beiwohnt und die Augen zur scharfen Beobachtung offen hat, so muß man sehen, daß von 1000 Auswanderern je 800 Bauern und 175 Handwerker sind und der ganz kleine Rest aus anderen Leuten besteht. Das ist ein ziemlich sicherer Beweis für das Gesagte.

Hannover,

die einstige Hauptstadt des Königreichs gleichen Namens, ist eine schöne Stadt geworden, die man kaum wiedererkennt, wenn man längere Jahre nicht dort gewesen ist. Gleich bei der Ankunft fällt Einem der neue, sehr elegante, große und prächtige Bahnhof auf, einer der besteingerichteten in Deutschland, und das will Viel sagen, denn die Bahnhöfe in allen großen Städten Deutschlands sind architektonisch schön gebaut und zu gleicher Zeit zweckmäßig eingerichtet. Der neue Stadttheil Hannovers steht im schärfsten Kontraste mit der alten Stadt und ihren engen Straßen. Nachdem man in Hannover das Museum und die Gemälde-Gallerie besucht, sich die Marktkirche und das alte Rathhaus angesehen und Schloß Herrenhausen besichtigt hat, ist man mit den sog. Sehenswürdigkeiten fertig. Ein Besuch im Tivoli, einem prachtvollen Vergnügungs-Lokale, bildet einen würdigen Abschluß für Hannover. Das „Tivoli" ist ein kolossal großer Garten mit den schönsten Anlagen, Boskets, Grotten, Springbrunnen 2c., und finden in demselben Nachmittags und Abends Concerte von einer aus 50 Mann bestehenden Militär-Kapelle statt. Wir wohnten einem sog. Beethoven Abend bei, an welchem nur Beethoven'sche Compositionen gespielt wurden. Der Garten wird durch 40,000 Gasflammen erleuchtet, und gewähren die verschiedenfarbigen Gläser in allen möglichen bizarren Formen einen wahrhaft zauberhaften Anblick und man fühlt sich unwillkürlich in die arabische und morgenländische Märchenwelt versetzt.

Von Hannover nach Hamburg fährt man durch die so viel verläumdete Lüneburger Haide, die aber lange nicht so trostlos ist, wie sie von vielen Seiten dargestellt wird. Früher war die Haide öde und leer, heutzutage aber ist sie es schon lange nicht mehr. Man passirt sehr viele Stellen, welche angebaut sind und bewundert dabei den unermüdlichen Fleiß der Leute, die es zuwege gebracht haben, daß ursprünglich todtes, unfruchtbares Land jetzt guten Ertrag liefert. Auch die Industrie hat sich der Lüneburger Heide bemächtigt, und seitdem Petroleum in der Haide entdeckt ist, wird nach demselben in allen Richtungen geforscht.

VI.

Venedig, 26. Juli.

ur Diejenigen, welche im Hochsommer in Italien gewesen sind, können einen Begriff von der unmenschlichen Hitze in diesem Lande haben. Wir Amerikaner sind doch Hitze gewohnt, aber das, was wir in dieser Beziehung hier aushalten, übersteigt alles Dagewesene. Man athmet Gluth und es ist beinahe ein Ding der Unmöglichkeit, zwischen 8 Uhr Morgens und 6 Uhr Abends Etwas zu thun. Die Zimmer in den Hotels und in Privatwohnhäusern, ebenso wie Geschäftslokale, werden während dieser Zeit ganz dunkel gehalten, und Jedermann pflegt der Siesta, wenn er nicht im Wasser liegt und badet. Auch des Nachts haben wir bis jetzt noch keine nennenswerthe Linderung verspürt und dabei ist es nicht möglich, die Fenster Nachts offen zu halten, denn wir haben hier alte amerikanische Bekannte gefunden — Heerden von blutdürstigen Moskitos. Es war unsere

Absicht, von hier nach Rom, Neapel und Messina zu gehen, uns daselbst einzuschiffen und dem egyptischen Kriegsschauplatz einen Besuch abzustatten. Das wäre eine sehr schöne Fahrt geworden, die sicherlich des Interessanten genug geboten haben würde. Aber die fürchterliche Hitze, die uns fast überwältigt hat, ist e i n e der Ursachen, weshalb wir die Fahrt aufgegeben; wir werden uns jetzt, sobald wir Florenz, Mailand und Turin besucht haben, nach Aarau begeben und uns in den Schweizer Bergen von der Gluth=hitze Italiens erholen. — Es ist erwähnenswerth, wie rasch man reisen und wie viel man in kurzer Zeit sehen kann, wenn man die Reise einzutheilen versteht. Wir, das sind die Herren J u l i u s E n g e l k e, K a r l K r o h, H u g o W e i s b r o d t und Schreiber dieses, sind seit der Landung in Antwer=pen am 23. Juni zusammen gereist, also heute etwa vier Wochen in Europa. Und in dieser kurzen Spanne Zeit waren wir in Köln, machten die Rheinreise bis Mainz, besuchten Frank=furt, Cassel, Hannover, Göttingen, den Harz, die Porta West=falica, Hamburg, Lübeck, Berlin, Leipzig, Dresden, Schlesien, Wien, München und sind jetzt in Italien. Allerdings haben wir uns an keinem Platze länger aufgehalten, als unumgänglich nö=thig war, um alle Sehenswürdigkeiten zu sehen, aber ich darf dreist behaupten, daß uns nichts von Interesse entgangen ist. Natürlich haben wir nirgends vieler Ruhe gepflegt, sondern unser Programm war gewöhnlich, sofort nach Ankunft in einer Stadt eine Droschke zu nehmen und eine Rundreise nach den Sehens=würdigkeiten anzutreteten. Sachen von Bedeutung wurden das zweite Mal von uns besucht. Mit klarem Kopfe und offenen Augen braucht man nicht lange Zeit, um sich das Bild einer ge=wöhnlichen Sehenswürdigkeit einzuprägen. Wir haben häufig Gelegenheit gehabt zu lachen, wenn wir sahen, wie andere Rei=sende sich s t u n d e n l a n g vor einer einfachen Statue, oder ei=

nem alten sehenswerthen Gebäude, aufhielten und Studien zu machen schienen. Wenn man das thun will, nimmt eine Reise, wie wir sie gemacht haben, statt 4 Wochen mehr wie 4 Monate in Anspruch.

Hamburg.

Hamburg ist die bedeutendste der drei Hansastädte des deutschen Reiches, nach London, Liverpool und Glasgow die wichtigste Handelsstadt Europa's. Die Stadt liegt an der breiten, unteren Elbe, welche mit der zweimal täglich wiederkehrenden Fluth Seeschiffen bis zu 21 Fuß Tiefgang die unbehinderte Anfahrt bis an seine Mauern gestattet. Hamburg besteht aus der Alt- und Neustadt und den Vorstädten St. Georg und St. Pauli.

Wo sich jetzt die alte Hansastadt erhebt, legte Kaiser Karl der Große im Anfang des neunten Jahrhunderts eine Burg an, an welche sich bald eine Kirche und ein Bisthum mit der Aufgabe schlossen, die Verbreitung des Christenthums im Norden anzubahnen und zu fördern. Jetzt freilich erinnert Nichts mehr an jene Zeiten, denn Hamburg kann sich nur weniger geschichtlicher Denkmäler rühmen, wie auch seine Sammlungen auf den Gebieten der Kunst und Wissenschaft ziemlich unbedeutend sind. Feindliche Ueberfälle und Zerstörungen, die Neuerungssucht und der Umgestaltungstrieb der Einwohner, endlich der furchtbare Brand im Jahre 1842, haben dem viertgrößten Handelsplatze Europa's ein ganz modernes Gewand verliehen. Ungleich mehr als die Sehenswürdigkeiten imponirt das Leben und Treiben am Hafen, an der Börse und Umgebung.

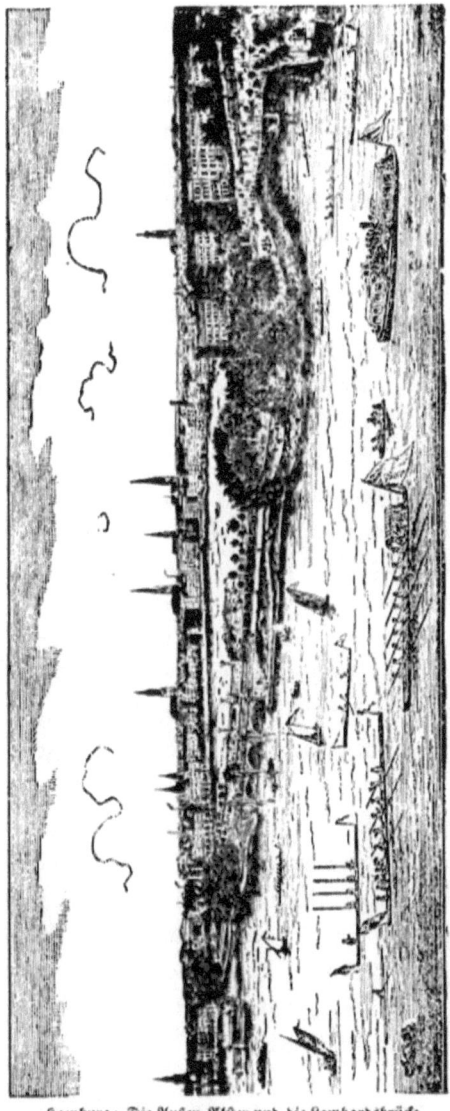

Hamburg: Die Außen-Alster und die Lombardsbrücke.

Lange wollten wir uns hier nicht aufhalten, da die von Heine so geschmähte Stadt uns von früher her genugsam bekannt war; aber ein Gesammtbild derselben wünschten wir uns doch von Frischem einzuprägen und so begaben wir uns denn auf die Elbhöhe, im Volksmunde „Stintfang" genannt, oberhalb des Landungsplatzes der Harburger Dampffähre. Vor uns dehnte sich der Hafen oder vielmehr der Complex von Häfen mit Hunderten von Schiffen aus, am rechten Ufer die Norder-Elbe von Altona bis zum Billwärder Neuendeich; bei St. Pauli das Westende mit seinen englischen Kohlenschiffen und Dampfern; ferner der Nieder-Hafen mit seinen Segel-Fahrzeugen, in den die zahlreichen Fleete oder Kanäle mit ihren Schuten münden, welche die Waaren nach den Magazinen und Speichern bringen, der Sandthor-Hafen mit seinen großartigen Quai-Anlagen, der Grasbrook-Hafen mit dem Dalmann- und Hühner-Quai und den mächtigen transatlantischen Steamern, der Ober-Hafen für die auf der Elbe stromaufwärts kommenden Schiffe und die großen Holzhäfen auf der andern Seite des Flusses.

Rechts liegt die Vorstadt St. Pauli oder der Hamburger Berg, der Schauplatz des Matrosenlebens mit dem bunten, flotten Treiben auf dem Spielbuden-Platz, den zahlreichen Verkaufsläden für Südfrüchte, den Volks-Theatern, Menagerien, Bänkelsängern, Kunstreiter-Truppen und Tanzsalons.

Neben der Elbe hat Hamburg noch zwei kleinere Flüsse, die Bille und die Alster. Letztere bildet zwei große Wasserbecken, die durch die Lombards-Brücke geschieden werden, die Binnen- und die Außen-Alster, oder Alster-Bassins, welche beide an großartigen Partien vielleicht nirgends in ganz Europa übertroffen werden. Eine Fahrt am Abend auf der Alster nach der wunderschönen Uhlenhorst in einem der kleinen einsitzigen, schnellen Ruderboote, wenn man selbst die Ruder zur Hand nimmt, wird sicherlich Jeden befriedigen.

Das innere Alster-Bassin ist umgeben von palastartigen Hotels und Privathäusern, von baumumschatteten Quai's und vortrefflich gehaltenen Anlagen. Wenn man Abends, wo das Alster Bassin zauberhaft beleuchtet ist, dem Alster Pavillon, einem sehenswerthen Lokale, das vom Jungfernstieg aus in das Wasser hineingebaut, einen Besuch abstattet, so ist das den Augen sich darbietende Schauspiel wahrhaft großartig. Man sieht malerische Gruppen von Schwänen langsam und stolz über den von kleinen Schraubendampfern, Ruderkähnen und Segelböten belebten Wasserspiegel schwimmen — das Alster=Bassin ist der Glanzpunkt Hamburg's.

Der zoologische Garten in Hamburg ist jetzt auch soweit vor=geschritten, daß man ihn zu den besten Europas rechnen kann. Die ganze Einrichtung des Gartens ist großartig und die Anla=gen zeugen von dem Geschmacke und der Rührigkeit der Direktion.

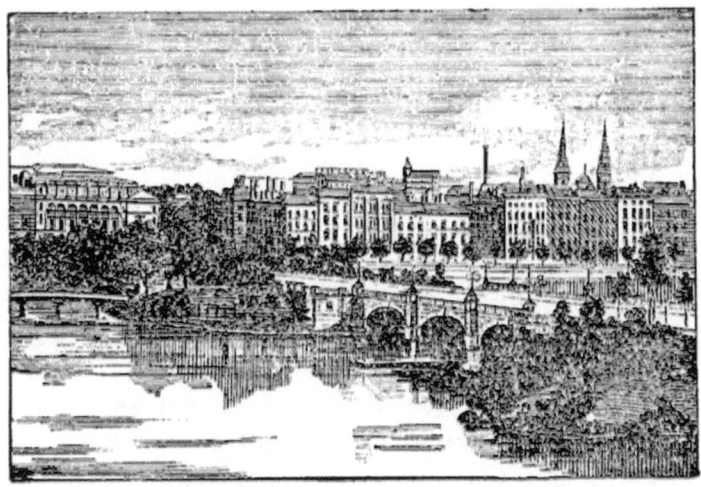

Hamburg: Die Lombards=Brücke.

Am Abend war im zoologischen Garten ein großes Concert, dem die ganze schöne Welt Hamburg's, ebenso aber auch die Halbwelt beiwohnte; es müssen an diesem Abend über 30,000 Personen anwesend gewesen sein. Seit einigen Tagen hatte in dem Gar=ten auch eine große internationale Tauben=Ausstellung stattge=funden, und auf einem großen Platze konnte man tausende und abertausende von Tauben, je 1 Paar in einem Käfig, sehen. Es waren da Tauben ausgestellt mit solch' wunderbarem Gefieder und von solch' sonderbarer Kreuzung, daß es nicht zu beschreiben ist. Zu Ehren der fremden Aussteller wurde gegen 10 Uhr

Abends der ganze Garten illuminirt. Das war eine Illumination, die man nicht jeden Tag sieht, und deren Großartigkeit sich unauslöschlich dem Gedächtnisse einprägt. Die Wasserfälle, die alte Eulenburg und die verschiedenen großen und kleinen Seen strahlten in verschieden farbigen bengalischen Flammen, und Alles war so brillant arrangirt, daß es einen wirklich überwältigenden Eindruck machte.

Berlin.

Wollte man dieser Stadt Gerechtigkeit wiederfahren lassen und alles Sehenswerthe in einigermaßen genießbarer Form schildern, so müßte man über sie ein ganzes Buch schreiben. Der enge Rahmen dieser Skizzen gestattet natürlich nicht, sich weitläufig über alles Schöne und Bemerkenswerthe auszulassen.

Eine Fahrt „Unter den Linden" ist gewöhnlich das erste für Fremde; diese Straße, oder Promenade, ist wol eine volle Meile lang und 200 Fuß breit. Mächtige, uralte Lindenbäume (daher der Name) zieren in vierfachen Reihen die Straße und gewähren genügenden Schatten. An beiden Seiten der Straße befinden sich schöne Paläste, prächtige Gebäude und große Hotels. An dem einem Ende ist das Brandenburger Thor, durch welches man in den Thiergarten und nach Charlottenburg fährt. Das Thor ist in griechischer Bauart, und hoch oben befindet sich der sogenannte Siegeswagen, den Napoleon nach Paris führte, als er Berlin im Besitz hatte, der aber 1815 im Triumphe wieder von Paris zurückgebracht wurde. Durch das Brandenburger Thor zogen 1866 die siegreichen Truppen nach dem Feldzuge gegen Oesterreich unter dem Jubel der Bevölkerung ein. Durch dasselbe Thor zog der damalige König Wilhelm 1870 gegen Frankreich,

Berlin: Unter den Linden und Denkmal Friedrichs des Großen.

und 1871 kehrte der Sieger, als deutscher Kaiser gekrönt, zurück. Von der Begeisterung Berlins haben wir alle damals gelesen, aber wenn man heute noch die Berliner erzählen hört von dem

Empfange, welcher dem greisen Monarchen zu Theil wurde, so findet man erst, wie sehr die Berichte hinter der Wirklichkeit zurückgeblieben sind. Was der Kaiser wol gedacht haben mag, wenn er im Stillen Vergleiche anstellte, mit dem Berlin von 1848, wo er, der Kartätschenprinz, bei Nacht und Nebel aus der Stadt flüchten mußte, um sich vor der berechtigten Wuth der Bürger zu schützen,

Berlin: Das Brandenburger Thor mit dem Siegeswagen.

und dem Empfange, der dem Sieger, dem Einiger Deutschlands, im Jahre 1871 zu Theil wurde.

Am anderen Ende der Linden gelangt man an dem Palais des Kronprinzen und des Kaisers vorbei, über die Schloßbrücke, nach dem alten Schloß. Hier war es, wo 1848 der vierte Fried=

rich Wilhelm nach den blutigen Märztagen den Befehl unterschrieb, daß die Truppen Berlin verlassen mußten. „Wir brauchen keine Soldaten in der Stadt, der König steht unter dem Schutze der Bürger!" lautete das Verlangen der siegreich aus

Berlin: Das königliche Schloß und die Kurfürsten-Brücke.

dem Kampfe, trotz Kugeln und Kartätschen, hervorgegangenen Bürgerschaft. Hier, in diesem Schlosse war es, wo derselbe Friedrich Wilhelm die feierliche Todtenprozession an sich vorbei=

ziehen lassen mußte, welche die Bürger für ihre Todten veranstalteten. Auf den Schultern der Freiheitskämpfer ,wurden die Gefallenen durch das alte Schloß nach dem Friedrichshain getragen. Der König stand auf einem Balkon, da rief es von unten mit Donnerton „Hut ab!", und der König mußte sein Haupt entblößen, bis die feierliche Prozession vorüber war. Das hat der König den Berlinern niemals verziehen. Ferdinand Freiligrath besingt diese Episode in seinem ergreifenden Gedichte, das früher in Deutschland nicht erlaubt war: „Die Todten an die Lebenden". —

Die Museen in Berlin sind großartig, und jede Stunde, welche man in denselben zubringt, ist vortrefflich angewandt. Seit vielen Jahren ist eifrig an der Vervollständigung der Sammlungen gearbeitet worden, so daß sie heutzutage zu den besten Europas gehören. Das neue National=Museum enthält u. A. eine großartige Kollektion von Schlachtenbildern der bedeutendsten Maler der Neuzeit, die ein anschauliches Bild der Kämpfe im österreichischen und französischen Kriege geben.

Eine Fahrt durch den Thiergarten nach dem Zoologischen Garten gehört mit zu den Vergnügungen Berlin's. Vor dem Brandenburger Thore ist auch die Siegessäule, zur Erinnerung an den französischen Krieg, aufgestellt. In wunderbar schönem Reliefe rings um die Kolossal=Säule, welche einige hundert Fuß hoch ist, sind die Hauptmomente des Krieges bis zur Krönung des deutschen Kaisers in Versailles dargestellt. Man kann die Säule vermittelst einer Wendeltreppe von etwa 250 Stufen ersteigen und genießt von da oben eine entzückende Aussicht auf Berlin.

Durch den Thiergarten gelangt man nach Charlottenburg, so zu sagen einer Vorstadt Berlin's. Hier befindet sich im Schloßgarten das berühmte Mausoleum, in welchem Friedrich Wilhelm der Dritte und seine Gemahlin, Königin Louise, die Eltern des

jetzigen deutschen Kaisers, ihre letzte Ruhestätte gefunden haben.
Ebenso befindet sich in Charlottenburg die F l o r a und der Palm=
garten, ein großartiges Vergnügungs=Etablissement. Hier findet
man Alles kombinirt, was zu einem derartigen Lokale gehört und
ich sage nicht zu viel, wenn ich behaupte, daß in der g a n z e n
W e l t ein zweites, ihm gleichkommendes nicht existirt. Das
Palmenhaus mit einer Unmasse von Palmen und exotischen Ge=
wächsen ist allein schon sehenswerth. Die Garten=Anlagen über=
treffen Alles, was wir bisher gesehen, und das will viel sagen,
wenn man bedenkt, daß gerade darin in ganz Deutschland viel
geleistet wird. Der Garten ist sehr groß, und auf jedem Beete,
groß oder klein, sind von n a t ü r l i c h e n Blumen die schönsten
Embleme und Figuren, Adler, Kreuze u. s. w., hergestellt, manch=
mal in zwanzig oder mehr verschiedenen Farbenzusammenstellun=
gen. Der Haupt=Concertsaal ist reichlich 100 Fuß hoch und mit
den prächtigsten Wandmalereien und wunderbaren Schnitzarbei=
ten ausgeschmückt. Die Flora allein ist einen Besuch Berlin's
werth!

In Berlin gibt es jetzt auch ein sehr ausgedehntes Straßen=
eisenbahn=Netz. Man kann fast überall hin per Straßenbahn ge=
langen. Auch die Fuhrwerke Berlin's sind bedeutend „im pro =
ved" gegen früher. Die berüchtigte alte Droschke von anno da=
zumal, ist durch ein viel schneller fahrendes Fuhrwerk ersetzt, und
zudem gibt es sogen. Droschken erster Klasse, die nicht allein sehr
elegant sind, sondern auch für ein Billiges, eine Mark, oder 25
Cents, r a s ch fahren. Einen wolthuenden Eindruck machen in
Berlin die breiten Straßen und das schöne Pflaster von breiten
Granitsteinen. Dabei herrscht die scrupulöseste Reinlichkeit in
den Straßen und sehen dieselben wie geleckt aus; ein großes
Corps von Arbeitern reinigt nach 12 Uhr Nachts jeden Tag alle
Straßen. Im Allgemeinen herrscht gegen die Berliner ein Vor=

urtheil, als wenn dieselben immerfort mit aller Welt im Wortkampfe sich befänden, und man hört häufig von Solchen, die vielleicht 'mal zufällig eine üble Erfahrung gemacht haben, daß der Berliner als solcher unausstehlich sei. Dieses ist eines von jenen Vorurtheilen, die man durch persönliche Anschauung bald als unbegründet erkennt. Grobiane gibt es in der ganzen Welt und Berlin macht natürlich keine Ausnahme, aber im Allgemeinen ist der Berliner höflich, zuvorkommend und von eleganten Umgangsmanieren; er hat die Gabe, sich durch seinen Geist und Witz überall Freunde zu machen, und dabei ist der letztere nie plump und anstößig, wie man es z. B. sehr häufig im Süden Deutschlands findet.

Die großen Hotels in Berlin sind alle sehr elegant und bequem eingerichtet, im Kaiserhof, wo wir logirten, ist sogar ziemlich Alles nach amerikanischem Muster eingerichtet. In jedem Zimmer findet man den Preis u. s. w. angeschlagen. Auch ein Elevator befindet sich in diesem Hotel.

VII.

Wien und München.

Aarau, (Schweiz), 28. Juli.

Tausende und Abertausende haben das Lob Wien's gesungen, und wer immer die schöne Donaustadt besucht und durchwandert, er wird und muß begeistert in den Ruf einstimmen: „Es giebt nur a Kaiserstadt, es giebt nur a Wien!" Ja, es giebt nur ein Wien in der ganzen Welt, und so schön auch New York, London, Paris, Hamburg und Berlin sind, Wien übertrifft sie alle in dem Cardinal=Punkte des „savoir vivre". Alles in Wien athmet Lust und Freude, und man kann hier erst recht verstehen, was die Melodien des Walzerkönigs Strauß eigentlich zu bedeuten haben und warum die prickelnde Musik die Köpfe und Füßchen der schönen Wienerinnen in solche Bewegung zu setzen vermag. Schon der Wiener Dialekt ist dazu angethan, den Fremden wolthuend zu berühren, klingt er doch so weich und innig und treuherzig, und wie süß strömen die Laute erst aus einem kleinen Mündchen „feminini generis!" Doch halt, das hört sich ja ganz verdächtig an, und ich sehe schon im Geiste so manche der schönen Leserinnen bedenklich das Haupt schütteln; also genug d a v o n.

Der alte innere Theil Wiens wird „die Stadt" genannt und war derselbe bis zum Jahre 1848 mit Festungswällen umgeben. Nach diesem Jahre wurden dieselben abgetragen und der so gewonnene Raum ist zu prachtvollen Bauten theilweise benutzt und der Rest in eine ganze Reihe von Boulevards umgewandelt worden, die den Namen „Ring" erhalten haben. Dieser Ring, der sich viele Meilen weit hinzieht, ist unstreitig schöner wie die berühmten Boulevards von Paris und Brüssel, und eine Fahrt per Wagen, oder auch Straßeneisenbahn, durch diesen Theil Wien's, ist sicherlich für jeden Touristen eine angenehme Erholung und gibt demselben Gelegenheit, die großartigen neuen Bauwerke, z. B. Opernhaus, Rathhaus, Abgeordnetenhaus und viele andere zu bewundern. Am „Burgring" befindet sich die kaiserl. Hofburg, gemeiniglich „Burg" genannt, die seit 4 oder 5 Jahrhunderten die Residenz der österreichischen Kaiser ist. Die Anlagen der „Burg" sind sehenswerth und stehen die Gärten ebenso wie das Schloß selbst dem Publikum zur Ansicht offen. Fremde erhalten auch ohne viele Beschwerde Zutritt zu der kaiserlichen Bibliothek, dem Museum und der Schatzkammer. Die letztere ist wol das Interessanteste für den Besucher, denn sie enthält eine außergewöhnlich große Sammlung der kostbarsten Arbeiten in massivem Gold und Silber von ungeheurem Werthe, ebenso Diamanten und Preziosen genug, um ein ganzes Königreich zu kaufen. Auch die österreichischen Kronjuwelen werden in der Schatzkammer aufbewahrt; bemerkenswerth unter denselben ist der berühmte Florentiner Diamant, der einst Karl dem Kühnen angehörte. Auch die Krone und das Scepter Karls des Großen, sowie der über alle

Maßen prächtige Säbel Harun al Raschid's, des berühmten Kha=
lifen, werden gezeigt. Außerdem sieht man eine Unzahl anderer
Reliquien, von großem historischen Werthe, aus den Kreuzzügen
und Türkenkriegen. Die großartige Münzensammlung neben der
Schatzkammer ist die bedeutendste in Europa.

Die alte „Stadt" ist ein kurioses Durcheinander von engen
Straßen und Plätzen, aber in den Gewölben und Läden findet
man Waaren aus allen Welttheilen, und ein „stroll" durch diese
Gassen wird Niemand gereuen.

Ungefähr im Centrum dieses Viertels erhebt sich majestätisch
die St. Stephans Kathedrale, die schönste aller Wiener Kirchen.
In dieser Kirche befindet sich das kaiserliche Grabgewölbe der alten
österreichischen Kaiser. Der St. Stephansthurm ist nahezu 450
Fuß hoch und wenn man ihn erstiegen hat, hat man eine brillante
Aussicht auf das ganze Donauthal bis weit nach Ungarn hinein.
Der Führer macht auch aufmerksam auf die Schlachtfelder von
Lobau, Wagram und Eßling, wo unter dem ersten Napoleon die
gleichnamigen Schlachten geschlagen wurden. — In der neben
der St. Stephan befindlichen Kapuziner Kirche wird durch einen
der Väter auch das jetzige Grabgewölbe der kaiserlichen Familie
gezeigt; uns fiel unter den Sarkophagen der des zweiten Napo=
leons und der des unglücklichen Kaisers Maximilian von Mexico
auf. Den Tod des ersteren, des sogenannten Königs von Rom,
hat die Metternich'sche Politik, die tragische Erschießung des
letzteren die des dritten Napoleons auf dem Gewissen.

Auf dem „Schottenring" stehen noch die Ruinen des abge=
brannten Theaters, bei dem eine so große Anzahl Menschenleben
verloren gingen; es erscheint bei der Lage des Theaters mit den
vielen Fenstern und Thüren unglaublich, daß die Menschen nicht
gerettet werden, oder sich nicht selbst retten konnten.

Etwa eine Meile vom Stephans-Platz befindet sich das Belvedere, aus zwei Gebäuden bestehend, dem oberen und unteren Belvedere, mit einem prächtigen Garten dazwischen. Das obere Belvedere enthält eine brillante Gemälde-Gallerie von über 2000 Bildern, welche nach den verschiedenen Schulen geordnet sind. Das untere Belvedere enthält eine werthvolle Waffensammlung und eine bedeutende Sammlung von egyptischen und anderen Alterthümern. — Der Prater, dieser alte großartige Park und früher der Lieblingsplatz der Wiener, ist etwa 3 Meilen lang und befindet sich am südlichen Ende der Stadt. Die Fahrwege und die Anlagen des Praters sind sehr schön, aber von der Volksthümlichkeit, die er früher besaß, soll, wie uns unser sehr jovialer Kutscher wehmuthsvoll versicherte, der Prater fast ganz seinen Charakter verloren haben.

Die Umgebung Wien's ist reizend und kann man getrost in irgend einer Richtung fahren, ohne befürchten zu müssen, sich zu langweilen. Man kann z. B. mit einem der kleinen eleganten Donau-Dampfer nach dem Kahlenberg fahren und auf denselben mit einer „Inclined Plane" gelangen, oder man besucht Schloß Schönbrunn mit seinen großen, über alle Beschreibung herrlich angelegten und gepflegten Gärten. Ebenso sehenswerth sind Schloß Laxenburg und Baden, ebenfalls ganz in der Nähe von Wien.

Eine schöne Fahrt ist die per Dampfer von Wien nach Pest, welche etwa zwölf Stunden dauert. Die Scenerie, besonders auf der zweiten Hälfte des Weges, zwischen Komorn und Pest, ist schön. Pest ist eine sehr bedeutende Stadt, die hauptsächlich den Verkehr mit der Türkei vermittelt; sie ist innerhalb der letzten 20 Jahre so gewachsen, daß man die Stadt häufig das Chicago von Europa nennt.—Eine Fahrt auf dem Donau-Dampfer giebt Gelegenheit, die vielen verschiedenen Nationalitäten, an denen das Kaiserreich Oesterreich Ueberfluß hat, zu studiren. Ungarn, Böhmen, Zigeuner, Slovaken u. s. w. sind in bunter Reihe auf den Dampfern zu finden, und bei dem Klange der Fiedeln, von kunstgeübten Zigeunern gespielt, dreht sich Alles in berauschendem Tanze auf dem Verdecke. Man muß diese kräftigen und doch feinen Gestalten sich im Tanze wiegen sehen! Nach dem Diner raucht Alles; die üppigen Ungarinnen drehen sich mit zierlichen Fingern selbst ihre Cigarretten, und gewährt es einen ganz eigenthümlichen, ich kann ihn füglich verführerischen Anblick nennen, wenn man die eleganten weiblichen Gestalten Ungarn's, schwarzhaarige und blauäugige reizende Geschöpfe, in vollster Pariser Toilette, weit ausgeschnitten u. s. w., so schmachtend und sehnsuchtsvoll sitzen und die blauen Rauchwolken ausstoßen sieht. Die Pariser Damen sind elegant und wissen sich zu kleiden, sie verstehen das „corriger la nature"; — die Ungarinnen brauchen der Natur nicht zu Hülfe zu kommen, sie sind ohne das hinreißend. —

München's

Haupt-Attraktionen sind zweifelsohne seine Kunstschätze: die alte und die neue Pinakothek (enthaltend Gemälde), die Glyptothek (enthaltend alte Sculpturen), Graf Schark's Bilder-Gallerie, das Schwanthaler Museum, die Ruhmes-Halle (mit der Kolossal-Statue der Bavaria), die Ausstellungshalle (nur Bilder von Münchener Künstlern enthaltend); ferner das Siegesthor, der Festsaalbau und die Propylaen, ein großartiger Bau, der Akropolis in Athen nachgebildet.

Der größte Platz, an welchem sich auch die Hauptgeschäfte befinden, ist der Max Joseph-Platz, flankirt von dem königlichen Palaste. Der letztere hat einen Anbau, den Königsbau, welcher im Jahre 1835 für König Ludwig erbaut wurde. Für die Ausschmückung dieses Anbaus müssen ganz unglaubliche Summen verschwendet worden sein. Die Wände und Decken sind eine Masse von brillianten Farben. Die Fußböden sind auf's Reichste von eingelegten verschiedenfarbigen Hölzern hergestellt. Die Zimmer unten enthalten die berühmten Frescos, welche das Nibelungen Lied darstellen; das ganze Gedicht ist in 4 großen Hallen gemalt: die Hochzeit, der Verrath, die Rache, die Trauer. Die königlichen Zimmer, eine Treppe hoch, sind auf's Prächtigste mit Bildern, Scenen aus den griechischen Dichtern illustrirend, geschmückt.

Im sehenswerthen bayerischen National-Museum ist eine Sammlung zusammengestellt, die viele Mühe und Zeit erfordert hat. Jahrelang sind die alten Klöster durchsucht worden, ehe diese kostbaren Schätze alle beieinander waren. Von den ekelhaften und Entsetzen erregenden Tortur-Instrumenten, alten Ritter-Rüstungen, Schwertern, Lanzen, Büchsen und Kanonen, bis zu den besten Kunstwerken, ist eine große Sammlung vorhanden. Die Geschichte Bayerns wird an den Wänden durch etwa 150 Fresco-Gemälde illustrirt.

In München giebt es eine große, nach Hunderten zählende Kolonie von Amerikanern; meistens Künstler, die hier ihre Ausbildung suchen und finden. Wir trafen u. A. die Herren Carl Haider, Heinrich Baer und A. Potthast, alle von Cincinnati, die hier eifrig ihren Kunststudien obliegen. Die Freude dieser Herren, nähere Bekannte einmal wieder zu sehen und persönlich Etwas aus der Heimath zu hören, war natürlich groß. In München ist das Vereinsleben zu hoher Blüthe ge-

langt und erinnert dasselbe ganz und gar an amerikanische Ver=
einsverhältnisse. Fremde werden in allen Vereinslokalen auf
das Freundlichste aufgenommen. Ganz besonders gilt dieses auch
von den Turnvereinen. Bei den Münchener Turnern haben wir
recht angenehme Stunden verlebt und liebe Leute kennen gelernt;
ich erwähne u. A. den 1. Sprecher, Herrn George Dicks,
ferner die Herren Ed. Kammerer, Max Meisinger
und Max Heiler. Es fand auch ein Gedankenaustausch
wegen einer Excursion von Deutschland zu dem nordamerika=
nischen Bundesturnfeste statt und wurde die Idee von den Mün=
chener Turnern eifrig aufgefaßt. Es scheint demnach gegründete
Hoffnung vorhanden zu sein, daß wir drüben eine deutsche Preis=
riege sich mit unseren Turnern messen sehen im edlen Wettstreite.
Und daß die deutschen Turner überall in den Ver. Staaten glän=
zende Aufnahme finden werden, bedarf kaum der Erwähnung.

VIII.

Das eidgenössische Turnfest in Aarau.*)

Aarau (Schweiz), 30. Juli.

„Wer kennt die Völker, nennt die Namen, die zahllos hier zusammenkamen", die zusammengeströmt sind aus allen Theilen der Schweiz, Oesterreichs, Deutschlands, Frankreichs, Italiens und der Ver. Staaten von Nordamerika. Das Fest hat zwar gestern schon mit dem großen Umzuge begonnen, aber jeder neue Eisenbahnzug bringt stündlich neue Schaaren von Festtheilnehmern, und die Stadt Aarau hat jedenfalls augenblicklich gerade so viele Fremde aufzuweisen, wie sie Einwohner hat. Daß es da mit der

---

*) Die beiden nächsten Kapitel habe ich absichtlich nicht weggelassen, trotzdem sie eigentlich nicht unter „Reiseskizzen" gehören. Ich ging von der Ansicht aus, daß es für jeden Deutsch-Amerikaner von Interesse sein dürfte, die Schilderung eines Festes, wie es da draußen gefeiert wurde, zu lesen. Die meisten Reisenden in Europa haben jedes Jahr Gelegenheit, irgend ein größeres deutsches Fest, sei es nun ein Turn-

Unterkunft sehr, sehr schlecht bestellt ist, versteht sich von selbst; die Gasthöfe weisen schon seit gestern Morgen Jedermann mit der stereotypen Redensart: „Alles besetzt!" zurück. Der Festausschuß, dessen unermüdliches Arbeiten das ungetheilteste höchste Lob verdient, hat sich zwar alle Mühe gegeben, um den fremden Turnern theilweise Unterkommen in Privatfamilien zu verschaffen; auch hat derselbe kasernenartige, große Massenquartiere eingerichtet, was will aber alles dieses heißen in Anbetracht des Fremden-Andranges! Wo in den Hotels nur ein Plätzchen zu finden war, an dem ein Bett aufgestellt werden konnte, ist es geschehen, und bei solchen Gelegenheiten sieht man recht, mit wie wenig der Mensch sich begnügen kann, wenn es Noth thut. In unserem Hotel ist Alles, von oben bis unten förmlich belagert, und müssen z. B. in unserem Zimmer die Herren Weisbrodt und Haider zusammen in einem ziemlich kleinen einschläfrigen Bette schlafen; und dieses Bett haben wir schließlich nur durch die besondere Gunst unserer Wirthin überhaupt in unser Zimmer bekommen.

Die Dekorationen in dem Städtchen „bieten" Alles, was ich je gesehen habe, und ich habe doch schon viele bedeutende Feste in kleinen und großen Städten besucht. Da ist auch nicht ein Haus, das sich nicht in den allerbesten Staat geworfen hat; Jeder hat förmlich gewetteifert, seinen Nachbarn zu übertreffen. Der Geschmack, den man bei den Dekorationen entwickelt hat, erfreut sich der allgemeinsten Anerkennung; es sind nicht blos ein-

---

Sänger-, oder Schützen-Fest, zu besuchen, und wenn sie diese Beschreibung lesen, so werden sie finden, daß solche Feste in Deutschland und der Schweiz auf's Großartigste gefeiert werden. Mancher, dem es sonst vielleicht nie in den Sinn gekommen wäre, wird sich dadurch veranlaßt finden, es so einzurichten, daß er eine derartige Festlichkeit mitmachen kann. Daß Niemand es bereuen, sondern Jeder sich vortrefflich amüsiren wird, bedarf kaum der Erwähnung. M. B.

fache Guirlanden und Fahnen, die ausgesteckt sind, sondern Alles
ist künstlerisch arrangirt und mit den lieblichen Alpenblumen
in allen Farben verziert. Die Guirlanden bestehen fast alle aus
dickem, dunkelgrünem Alpenmoose, welche, mit den eingesteckten
weißen und rothen Blumen, einen sehr anziehenden Anblick ge=
währen. Die Fensterrahmen in sehr vielen Häusern sind auf diese
Weise geschmückt. Auch die sämmtlichen öffentlichen Gebäude,
die öffentlichen Brunnen in der Stadt und der Eisenbahnhof sind
prächtig dekorirt. Die in dem ganzen Kanton Aargau herr=
schende Festtstimmung ist da lebhaft zum Durchbruch gekommen.
Jung und Alt, Behörden und Private, Alles ist hier gut turne=
risch gesinnt.

Ein Spaziergang durch den Wald von Flaggen, Guirlanden
und Blumen bietet hohes Interesse und reiche Augenweide, wobei
allerdings die Gefahr nicht ausgeschlossen ist, daß der Schön=
heitssinn bei dem Einen oder Anderen allzusehr ausgebildet ist
und sich nicht mit den kunstvollen Kränzen begnügt, sondern auch
die Hand bewundern möchte, die das Alles hervorgezaubert. Und
wirklich, da und dort „luegt" ein allerliebster Engelskopf zwi=
schen den grünen und buntfarbigen Fensterdekorationen hervor,
und verleiht den letzteren erhöhten Glanz und den schönsten Reiz.

Von der überraschend großen Anzahl von passenden In=
schriften will ich nur die folgenden, welche mir besonders auffielen,
erwähnen:

> Frisch wie der Turner sich ringt aus des Lebens Gefahren,
> Frei geht er, triumphirend, aus denselben hervor,
> Fromm wie er sucht, die edelsten Güter zu wahren,
> Froh stets dem Guten er öffnet Thür und Thor!

> Es lebe, was Herz und was Glieder strafft,
> Es lebe die Stählung der Jugendkraft!
> Die Zucht der alten Spartaner,
> Giebt eiserne Republikaner.

Hellen Kopf und starken Arm,
Kräft'gen Schlag der kräft'gen Hand,
Und ein Herz treu und warm
Weih ich Dir, mein Vaterland!

Verschiedene Meinung, vereinzeltes Ringen,
Dem Ganzen trägt es der Früchte nicht viel;
Vereinte Kraft einzig weiß durchzudringen
Auf gleichen Wegen zum großen Ziel.

Die Presse bricht des Geistes Nacht,
Der Schütz der Freiheit Hort bewacht,
Die Turnerei durch Blut und Kraft
Für alle Kühnen Muth beschafft!

Sieh recht,
Hör recht,
Richt recht,
So thust Du
Niemand Unrecht!

An der Aare Strand, An des Juras Rand,
Seid willkommen, liebe Gäste, Unter Kränzen zum frohen Feste.

Aarau's Blumen, Aarau's Frauen,
Wolgefällig auf Euch schauen,
Als des Landes beste Jugend,
Die sich übt in Rittertugend.

Im gesunden Leib nur wohnt die gesunde Seele,
Darum schaffet, denn es lohnt, daß Euch Keines fehle.

Ein Auswanderer-Agent, Namens Wüthrich-Lüdi, giebt den folgenden Trost:

Ist Dir's im Wettkampf schlecht gegangen,
Laß nur hernach den Kopf nicht hangen,
Ich führe Dich, Du weißt es ja,
Ganz heimlich nach Amerika!

>Frisch den ersten Gang gerungen,
>Froh den schwersten Sieg errungen,
>Frei bleibt, wer sich wehrt und lenkt,
>Fromm, wer Gutes übt und denkt.

>Wenn Euch Damen grün bekränzen,
>Süßen Ehrenwein kredenzen,
>Sorgt, daß nicht Cupido's Pfeile
>Euch erreichen in der Eile.

Am Bahnhof lautet eine Doppel=Inschrift zum Willkommen und Abschied:

1.
>Willkommen, Ihr Turner, und Glück, viel Glück,
>Die Bahn fährt so Manchen dahin und zurück,
>Der Mensch aber macht sich die Eisenbahn
>Mit eiserner Kraft erst zur Siegesbahn.

2.
>Ein Fähnlein nach dem andern
>Muß wieder heimwärts wandern.
>Vergeßt uns nicht, ihr Brüder,
>Und kehrt zurück bald wieder.

>Heran, heran, ihr Schaaren,
>Vom In- und Ausland her
>E i n Freundschaftsband umschlinget
>Das g a n z e Turnerheer.

Das amerikanische Hauptquartier ist natürlich auf's Reichste geschmückt und „unsere Flagge", sowie ein großes Plakat machen daſſelbe von Weitem kenntlich. Der Spruch am Hauſe lautet:

>Der Löwe ist ein grimmig Thier —
>Behandelt Euch ganz friedlich hier.

Mit einem Löwen haben wir freilich nicht zu thun, sondern nur mit der liebenswürdigen Löwin und ihrem reizenden Töchter=lein. Der Löwe ist schon lange todt und hat der Löwenwirthin die Bewirthschaftung des großen Gasthofes hinterlassen, und die letztere giebt sich alle erdenkliche Mühe, um uns Amerikanern zu beweisen, daß die zweite Zeile des Spruches auf Wahrheit beruht.

Die Festhalle und der Festplatz befinden sich kaum 5 Minuten Weges von dem amerikanischen Hauptquartier, dicht an der Stadt auf einem großen Anger. Der Turnplatz soll, den Angaben nach, um ein Viertel größer sein, wie der zu Frankfurt a. M. im Jahre 1880; sehr groß ist er jedenfalls und äußerst praktisch eingerichtet. Die Festhalle enthält Tische mit Sitzen für 3500 Personen, wonach man sich eine Idee von ihrer Größe bilden kann. Daß eine kleine Stadt wie Aarau eine Halle von solchen Dimensionen erbauen konnte, erscheint fast wie ein Räthsel, und wenn man die Dekorationen der Halle betrachtet, so lernt man den opferwilligen Enthusiasmus der Aarauer für die Turnerei hochschätzen.

Die Flaggen aller Nationen sind in der Halle angebracht, und spielt unter denselben unser Sternen= und Streifen=Banner nicht die letzte Rolle. Auch eine große Anzahl Mottos sieht man an den Wänden der Halle, wie:

> Zu jeglichem Feste
> Gehört ja das Beste:
> Die zierlichen Mädchen, die holden Frauen
> Einem Blumenflore gleich zu beschauen.

> Wer uns'res Festes Plan betritt,
> Bedenke, was ist an der Zeit,
> Und bring ein Blumensträußchen mit,
> Das heißt auf Deutsch: „Gemüthlichkeit".

> Bei Festlust, Liebe und feurigem Wein
> Springt Turnermuth in den Himmel hinein.

> Gesund die Glieder, gesund der Sinn,
> Gesund auch die Thaten, die wurzeln darin.

Auf der **Rednerbühne**, die sich an der einen Seite der Halle unter dem Orchester befindet, ist der folgende höchst passende und empfehlenswerthe Spruch angebracht:

> Ein Wort zur Zeit gesprochen frei und offen,
> Hat immer noch das rechte Ziel getroffen.
> D'rum aufgetreten hier mit frischem Muth,
> Nur mach' es kurz, dann wird es doppelt gut.

Am **Gabentempel**, in welchem die Festpreise im Werthe von etwa 40,000 Franken ausgestellt sind, liest man:

> Den Festgenossen winket hier
> Gar manches edlen Preises Glanz!
> Gepriesen sei, wer vom Turnier
> Heimträgt des Sieges Ehrenkranz!

Die Delegaten-Versammlung

fand gestern Vormittag im großen Saale des Rathhauses statt und war auch natürlich der Vertreter des nord-amerikanischen Turnerbundes, Herr **Karl Kroh**, Turnlehrer von Cincinnati, anwesend. Seine Aufnahme war eine herzliche. Die Versammlung dauerte zwei Stunden; Wichtiges kam nicht vor, außer daß nach einer sehr animirten Debatte die Stadt Chur zum nächsten Festorte gewählt wurde. Basel war die Konkurrentin. Die Debatten wurden, der vielen Delegaten aus der französischen Schweiz wegen, zum Theil in französischer Sprache geführt.

Der große Festzug

bildete sich Nachmittags um 2 Uhr im sogenannten Kasernenhof. An demselben betheiligten sich außer den Ehrengästen aus Amerika und Frankreich nur aktive Turner, und zwar befanden sich etwa 3000 derselben mit 70 Fahnen, eingetheilt in drei Divisionen mit Musik, im Zuge. Man hatte den Amerikanern den Ehrenplatz eingeräumt und marschirten wir in Gliedern von je fünf Mann, während alle übrigen Turner je zwei und zwei gingen. Unsere Flagge wurde von Turner H. Keller von New Ulm (Minn.) getragen und überall enthusiastisch begrüßt. Wir hatten einen Kranz von Eichenblättern machen lassen mit der Inschrift:

Nordamerikanischer Turnerbund.
Cincinnati Turngemeinde,

welcher an der Spitze der Flagge, weithin sichtbar, hing. Alle Amerikaner trugen ein roth, weiß und blaues Abzeichen mit der Inschrift: N. A. Turnerbund — Turnfest Aarau 1882. Zu Ehren der Amerikaner hatten eine ganze Anzahl Bürger das Sternenbanner ausgehängt, und wo immer unsere Kolonne an einem solchen vorbeimarschirte, wurde die Flagge mit donnernden dreifachen „Cheers" von uns begrüßt.

Vor dem Regierungsgebäude nahm der ganze Zug Aufstellung und wohnte der feierlichen Uebergabe der Bundesfahne des schweizerischen Turnerbundes bei. Herr Vincent, Buchdruckereibesitzer in Lausanne, übergab die Fahne in einer schwungvollen Rede, in französischer Sprache, an den Festpräsidenten, Herrn Regierungsrath Karrer, der dieselbe dann in einer ganz brillanten deutschen Rede in Empfang nahm und Namens des Aarauer Vereins sie zu hüten versprach. Ich will hier bemerken, daß das heurige Turnfest zugleich das 50=jährige Jubiläum der schweizerischen Turnvereine ist, die damals in Aarau gegründet wurden; es war deßhalb auch sehr am Platze, daß Aarau die Ehre erhielt, dieses Fest zu übernehmen. Es thut mir sehr leid, daß der Raum nicht gestattet, die feurige, poesiereiche Rede des Herrn Karrer wiederzugeben. Nachdem nun der Festsekretär, Herr Meier, die Fahne übernommen, um dieselbe für die Dauer des Festzuges zu tragen, setzte sich der Zug in Bewegung und marschirte zum Festplatze, wo er aufgelöst wurde.

Hier wurde sofort mit der Probe der allgemeinen Freiübungen begonnen und betheiligten sich, unter Leitung des hiesigen Turnlehrers, Herrn Wäffler, etwa 1500 Turner an demselben. Die präcise Ausführung der Uebungen auf dem großen Platze litt einigermaßen dadurch, daß die Kommandos jedesmal in zwei Sprachen, deutsch und französisch, gegeben werden mußten.

Am Abend fand das Bankett der alten Turner und die 50=jährige Jubiläumsfeier in der Festhalle statt; es wurden eine ganze Anzahl Reden gehalten, aber es war eine absolute Unmöglichkeit, außer der Begrüßungsrede etwas zu verstehen. Nach dem Bankett fand auf der Bühne eine Vorstellung statt, veranstaltet von den beiden Aarauer Turnvereinen und dem Männerchor des Cäcilien Vereins. Besonders gefielen die Stabübungen und ein Römertanz mit Schwertern. — Am nächsten Morgen, früh um 7 Uhr schon, wurde mit dem Sektionsturnen begonnen und dauerte dasselbe 2 volle Tage. Geleistet wird beim Turnen ganz Unglaubliches, und ich bin gern bereit, zuzugestehen, daß das Turnen in der Schweiz zur größten Ausbildung gelangt ist. Die anwesenden Amerikaner haben einen Ehrenpreis gestiftet von sehr bedeutendem Werthe, und soll derselbe dem Turnlehrer zufallen, dessen Sektion als solche den ersten Preis erhält. Leider hat sich Regen eingestellt, der dem Feste bedeutenden Abbruch gethan hat. Nichtsdestoweniger ist der Festplatz, auf dem sich eine Unmasse von Buden mit Sehenswürdigkeiten (?), drei oder vier Circussen, Eßwaren und Früchten aller Art, Caroussels, Athleten, Neger=Minstrels u. s. w. befinden, überfüllt und die ganze Umgegend scheint zu Fuß, Wagen und Pferd in die Stadt geeilt zu sein, um den Sonntag auf dem Festplatz zu verleben.

Das Diner Mittags in der Festhalle war eine großartige Affaire; man denke sich circa 2,500 Menschen zu gleicher Zeit speisend an etwa 100 Tischen und bedient von etwa 400 Mädchen in den schweizer Nationaltrachten!

Herr A. T h o m a n n , ein St. Louiser Turner, hielt eine vortreffliche, sehr beifällig aufgenommene Rede, in der er ganz besonders hervorhob, daß drei Republiken, die Schweiz, Frankreich und die Ver. Staaten, bei dem Fest vertreten seien, und daß es Aller Wunsch sei, daß das gute Einvernehmen zwischen den drei niemals gestört werde.

IX.

Aarau, (Schweiz), 1. August.

Das schweizerische Turnfest in Aarau ist heute Abend mit dem offiziellen Balle in der Fest=
halle geschlossen worden, und nach all' dem Festjubel der letzten vier Tage sieht man es den meisten Besuchern an, daß sie froh sind, endlich wieder sich der willkom=
menen Ruhe hingeben zu dürfen. Gestern machte der Regen dem Preisturnen im Freien ein unliebsames Ende; schon am frühen Morgen begann es zu regnen und das Programm mußte in der Festhalle durchgeführt werden. Daß darunter nicht nur die Preisturner litten, sondern daß es dem zuschauenden Publikum fast unmöglich war Etwas zu sehen, bedarf keiner besonderen Er=
wähnung; denn trotzdem die Halle mindestens für 6000 Personen Raum hat, war der Platz für die Zuschauer so beengt, daß nur

Wenige im Stande waren, sich einen einigermaßen befriedigenden Ueberblick über die Turnübungen zu verschaffen. Das Sektions= turnen, wie es hier in der Schweiz sich eingebürgert hat, ist groß= artig. Die Sektionen bestehen aus durchschnittlich vierzig Mann, von denen jedes Mal sechs zu gleicher Zeit an zwei Geräthen tur= nen; z. B. also an einem Barren je drei Personen zu gleicher Zeit, die gleichen Uebungen auf Kommando machend. Werden die Uebungen an den b e i d e n Barren (also sechs Mann zugleich) exakt ausgeführt, so giebt das ein Bild, welches nicht schöner gedacht werden kann. 54 solche Sektionen hatten sich zum Wetturnen gemeldet, und der Vorsitzer des Preisgerichtes hob bei der Preis= vertheilung noch besonders hervor, daß das Sektionsturnen in der Schweiz zu einer außerordentlichen Blüthe gelangt sei und daß ganz Erstaunliches geleistet worden wäre; als Resultat dieses prächtigen Turnens, das mehr als irgend etwas Anderes einen Beweis von der Fähigkeit und Energie des betreffenden Turn= lehrers giebt, wurden 36 von den 54 wetteifernden Vereinen mit Lorbeerkränzen ausgezeichnet.

Aber auch im Kunst= und National=Turnen ist Vorzügliches geleistet worden. Die Stabübungen waren brillant, ebenso die Uebungen am Barren und natürlich am Lieblingsgeräth der Tur= ner, dem Reck. Die Uebungen am Pferd dagegen ließen Vieles zu wünschen übrig; das lange Pferd ist so wie so das Stiefkind des Turners, und da unglücklicher Weise dieses Geräth als das obligatorische ausgeloost wurde, die meisten Turner aber gerade auf dasselbe am wenigsten Sorgfalt verwandt hatten, so waren die Nummern, welche die Betreffenden beim „Pferd" erhielten, mit wenigen Ausnahmen sehr gering. Das natürliche Resultat war, daß die sonst so gewandten und tüchtigen Preisturner nicht die vorgeschriebene Anzahl Punkte in allen Uebungen er= langten und nicht zu einem Kranz berechtigt waren. Von über

500 Preisturnern im Kunstturnen gelang es nur zwölfen, sich den heißersehnten Lorbeerkranz zu erringen; die übrigen 181 Preisgekrönten erhielten nur einen Werthpreis ohne Kranz.

Das Schwingen beim National=Turnen ist in Amerika nicht bekannt. Die Kämpfer ziehen eine starke Drillichhose an, die bis an die Kniee geht, und fassen sich gegenseitig mit der einen Faust im Gurt, mit der anderen im Hosenbein; nun versucht der Eine den Andern zu heben, zu schwingen und ihn zu werfen. Es war da ein kleiner Franzose, Herr Alcide Buche aus St. Jmier, höchstens 5 Fuß 3 Zoll hoch, der sich ganz besonders auszeichnete. Die besten und stärksten Schwinger warf er, wahre Athleten bis 6 Fuß hoch; seine Gewandtheit übersteigt Alles, was man sich denken kann. So oft er geworfen wurde, fast immer kam er auf die Füße zu stehen, und wenn sein Gegner sicher glaubte, ihm „über" zu sein, flugs benutzte der flinke Franzose irgend eine Blöße, und da lag der Riese.

Beim Bankett des Mittags hielt der Schweizer Bundes=Präsident, Herr S c h e n k, eine Rede, in welcher er sich des Längeren darüber ausließ, daß es nicht wahr sei, daß das Volk der Eidgenossen in körperlichem Niedergang begriffen, wie von mancher Seite behauptet worden sei. Den besten Beweis dafür gebe wiederum dieses Turnfest, zu dem nicht allein aus den einzelnen Städten, sondern auch aus allen Gemeinden des Volkes die Turner in hellen Haufen herbeigeströmt seien.

Hierauf sprach Herr C a r l K r o h, als Delegat des nord-amerikanischen Turnerbundes. Trotzdem derselbe nicht für eine Rede vorbereitet war, gab er dem Drängen der Amerikaner doch nach, und als er die Rednertribüne betrat und vorgestellt wurde, legte sich der Lärm in der ungeheuren Halle urplötzlich. Das Wort „A m e r i k a" wirkte magisch auf die Masse, die des Banketts vergaß und sich nach der Tribüne drängte, um ja kein Wort

des Sprechers zu verlieren. Die Redensarten von „hochgehen=
den Festwogen" und „überströmender Feststimmung" sind be=
kannt, allein so wie sie hier in Aarau zum Ausdruck gekommen,
mögen sie wahrscheinlich noch nie drastischer illustrirt worden sein.
Um so mehr ist es anzuerkennen, daß trotz dieses unbändigen Fest=
rausches, diese vielen Tausend wie auf Kommando still wurden
und lauschten.

„Anfangs", sagte Herr Kroh, „habe er gefürchtet, daß er
nicht im Stande sein würde, im Namen der amerikanischen Tur=
nerei bei diesem Turnfest das Wort zu ergreifen, denn der Fest=
jubel sei zu groß, und selbst eine mächtige Stimme wäre nicht im
Stande durchzudringen. Er brächte allen Turnern die Grüße
und viele Glückwünsche zum Turnfest von drüben. „Turner",
fuhr der Redner fort, „es ist mancher Amerikaner, der heute sein
Auge nach der Schweiz richtet, mancher Amerikaner, der stolz ist
und Euch beglückwünscht für Eure Erfolge in der Turnerei.

„Vor allen Dingen aber fühle ich mich vom innersten Her=
zen aus gedrungen, dem Festpräsidenten und seinem wackeren Assi=
stenten, dem Fest=Sekretär, den übrigen Leitern des Festes und
der ganzen Aarauer Bevölkerung, im Namen aller anwesenden
Amerikaner, unseren tiefgefühlten Dank auszusprechen für die
hochherzige und freundliche Aufnahme, mit der sie alle uns be=
gegnet sind.

„Turner, vor zwei Jahren schickten die Amerikaner eine Ver=
tretung nach Frankfurt, darunter eine Riege, die sich am Preis=
turnen betheiligte. Viele Tausende von Turnern waren in Frank=
furt anwesend und die Amerikaner trugen 6 der ersten von den
20 Preisen davon. Ich bin heute gefragt worden, weßhalb die
Amerikaner keine Wettturner zu diesem Feste geschickt haben, und
ich antwortete darauf, daß wir in anderer Eigenschaft hier sind.
Wir haben das Versprechen gegeben, das Sektionsturnen kennen

zu lernen, wie Ihr es betreibt, damit möglicher Weise die Turnerei in Amerika davon Nutzen ziehen kann. Ich habe aber auch eine Bitte an Euch zu richten, und die ist, daß Ihr zu unserem nächsten Bundesturnfeste in Amerika ebenfalls eine Vertretung sendet. Ich lade Euch herzlich ein, kommt zu uns, nehmt Theil an unseren Kämpfen, und ich wünsche, daß Ihr ruhmbedeckt wieder nach Hause reist. Wenn Ihr bei uns gewesen seid, dann könnt Ihr erzählen, wie die amerikanischen Turner Gastfreundschaft üben. Gerne werdet Ihr den Boden Eures geliebten Heimathslandes wieder betreten, aber Ihr werdet auch sagen müssen, daß das große und freie Amerika auch schön ist! Wenn Ihr kommt, werdet Ihr nicht allein Euch selbst befriedigen, sondern es wird auch Eure Vertretung von höchstem Interesse für uns Amerikaner sein, und daß Eure Aufnahme in aller und jeder Beziehung eine würdige sein wird, davon dürft Ihr überzeugt sein.

„Mit Freuden und Genugthuung werde ich drüben berichten, welch' großartiges Fest Ihr hier abgehalten, welche Triumphe die Turnerei auf Schweizer Boden gefeiert hat und in welch' echt turnerischer Weise Ihr die Amerikaner aufgenommen habt.

„Turner, ich bringe mein Hoch der Turnerei, ich bringe es den Turnvereinen nicht nur der Schweiz oder Amerika's, sondern denen der ganzen Welt! Sie leben Hoch!"

Der Jubel, welcher der Kroh'schen Rede folgte, ist unbeschreibbar; Alles drängte sich, um dem Redner die Hand zu drücken. Minutenlang wollte das Hurrahrufen kein Ende nehmen und Schweizer, Franzosen, Italiener, Deutsche und Belgier, alle wetteiferten, um ihren ungeheuchelten Enthusiasmus kund zu geben.

Herr Z s ch o k k e , ein Enkel des berühmten Aarauer Schriftstellers, toastirte auf die Ausländer und besonders die Amerikaner in den folgenden Worten: „Ich grüße Dich, Du hochgeweihtes Sternenbanner der Vereinigten Staaten von Nordamerika. Wenn Du wieder über den atlantischen Ozean zurückkehrst, so sage dem amerikanischen Volke, daß es keines so liebe und achte, wie das Schweizervolk".

Am Abend fand auf der Bühne in der Festhalle eine große Gala-Vorstellung statt, die bis Mitternacht dauerte. Sie bestand aus turnerischen Uebungen am Reck und Barren von den tüchtigsten Turnern; Stuhlpyramiden vom Basler Bürger-Turnverein; ferner einem wundervoll arrangirten Reigen in Kostümen, genannt „der Schnittertanz", und zum Schluß einem lebenden Bilde: „Rufst Du mein Vaterland". Während der Vorstellung wurde auch Seitens der Amerikaner das angekaufte Ehrengeschenk übergeben. Es besteht aus einer prächtigen Pendule, etwa drei Fuß hoch, und ist ohne allen Zweifel der kostbarste Preis unter allen Festgaben; alle anwesenden amerikanischen Turner haben zu demselben je 20 Franken beigesteuert. Turner Heddaeus von Columbus, Ohio, hatte die Ueberreichungsrede übernommen, und als er das Podium in Begleitung des Festpräsidenten und einiger amerikanischen Freunde betrat, erregte er nicht geringes Aufsehen und sicherte sich die Aufmerksamkeit des großen Publikums im Umsehen. Herr Heddaeus hielt eine prächtige Rede und seine glühenden, begeisterten Worte ernteten reichen Beifall. Wie immer, wenn die Amerikaner auftreten, herrschte lautlose Stille, absolute Stille. Dieser Moment des Festes war ein wahrhaft feierlicher. Die Festbehörde nahm das Geschenk dankend entgegen. Der große silberne Humpen, Eigenthum der Stadt und viele Jahre alt, wurde mit köstlichem Weine gefüllt und den Amerikanern zum Dank kredenzt; einer derselben brachte einen hübschen Toast auf das Schweizerland aus.

Die Preisvertheilung ergab, daß beim Sektions-Wett-Turnen der Verein Biel sich den ersten Preis errungen hat. Der amerikanische Ehrenpreis ist demzufolge dem Turnlehrer von Biel, Herrn Albert Hopfengärtner, zugefallen. Den ersten Preis im Kunstturnen erstritt sich Herr Leon Schumacher von St. Jmier; den ersten Preis im Nationalturnen erhielt Herr Karl Walker von Bern.

Die Preisrichter erkannten auch dem Turnlehrer Wäffler von Aarau als Anerkennung für seine Leistungen in der Arrangirung des Festes einen Lobeerkranz zu, und wurde ihm derselbe mit passenden Worten vom Vorsitzer des Preisgerichtes überreicht.

Nach der Preisvertheilung folgte ein Umzug durch die Stadt bis nach dem Regierungsgebäude, wo dann Regierungsrath Karrer in einer zündenden Rede das Fest für beendet erklärte. Den Amerikanern wurde von ihm zum Schluß ein dreifaches Hoch ausgebracht, das von den Anwesenden jubelnd beantwortet wurde. Wir dürfen sagen, daß der Eindruck, den die Amerikaner hier gemacht haben, ein sehr günstiger gewesen ist. Ein Fehler, den man bei früheren ähnlichen Gelegenheiten begangen hat, nämlich alle Reden und Toaste auf einen einzigen Mann zu wälzen, ist dieses Mal nicht gemacht worden. Es ist bei diesem Feste so „gemanaged" worden, daß jeder Redner nur ein Mal zu sprechen hatte, sich also Niemand wiederholen konnte, eine Unannehmlichkeit, welche nicht zu vermeiden ist, und wenn der Betreffende noch so gewandt und tüchtig im Reden wäre, sobald alle Reden nur von einem Einzigen gehalten werden müssen.

Der Redakteur der hiesigen Festzeitung sagt in seiner letzten Nummer, und es ist wol die Mittheilung nicht unbescheiden: „Diese Amerikaner haben in den Herzen der schweizerischen Turner eine unauslöschliche Erinnerung hinterlassen".

X.

Paris, 9. August.

Von München nach Italien führt der Weg über Innsbruck, der Grenzfestung Tirols, welches nahezu 2000 Fuß über dem Meere liegt. Hier beginnt die berühmte Eisenbahn über den Brenner nach Botzen, etwa 80 Meilen südlich. Der Bau dieses Schienenstranges hat über 10 Millionen Dollars gekostet, eine wahrlich geringe Summe, wenn man bedenkt, mit welchen Schwierigkeiten der Bau verknüpft war. Nicht weniger als 17 große Tunnels und 11 Brücken passirt man, ehe der Brenner Paß, 4500 Fuß über dem adriatischen Meer, überwunden ist. Von Botzen gelangt man nach einer kurzen Fahrt über Trient nach Ala, der italienischen Grenzstadt, und befindet sich somit

Im sonnigen Italien.

Welch' ein Zauber doch in dem Namen liegt! Wie fluthen die Gedanken wild durch das Gehirn, in der Erwartung des Frem=

ben, des Zauberhaften, des Unergründlichen, das so oft besungen, welches so häufig mit glühenden Worten geschildert worden ist und das doch niemals seinen Reiz verloren hat! Ungeduldig sitzt der Wanderer in seinem Coupe auf der Bahn und meint sich nicht sattsehen zu können an dem italienischen Himmel und den farbenreichen Bildern, die im Fluge an seinem Auge vorüberziehen.

In Verona,

der großen Festung an der Etsch, das bekanntlich von Charles Dickens in seinen Bildern aus Italien das „liebliche Verona" genannt wird, befindet sich ein Monument der alten Römerzeit: „das Amphitheater", welches die besterhaltene Arena sein soll. Von dem kolossalen Umfange desselben kann man durch Angabe der gewöhnlichen Maße keinen Begriff bekommen; man denke aber, daß nach einer oberflächlichen Schätzung Sitzplätze für 20,000 Personen vorhanden sind und außerdem noch Raum genug für weitere 10,000 zum Stehen da ist. Das Amphitheater liegt in der Mitte der Stadt an der sonnigen Piazza di Bra (jetzt Victor Emanuel Platz genannt); es ist wol erhalten und fast alle steinernen Sitzreihen (50) befinden sich noch ungebrochen in demselben Zustande wie vor 1800 Jahren.

Ueber einer ganzen Anzahl von Bögen sind jetzt noch die alten römischen Zahlen erkenntlich, und die Korridore, die Treppen, sowie die unterirdischen Gewölbe und Gänge für die wilden Thiere, sind heute noch so da, wie damals, als die Arena wiederhallte von dem Geschrei der Tausende, welche sich eingefunden hatten, um dem blutigen Schauspiele beizuwohnen.

Von der Piazza Bra ist es nur ein kurzer Weg bis zum Garten der Orfantrosio (Vicolo delle Franceschinè), den die Fremden besuchen, um der angeblichen Grabstätte von Romeo und Julia pflichtschuldigen Tribut zu zollen. William Shakespeare hat die Beiden unsterblich gemacht. Das Grabmal, welches im Jahre 1840 errichtet wurde, besteht aus einem unscheinbaren Marmortroge; die früheren wurden nach und nach von Reisenden, welche sich jeder ein Stückchen abmeißelten, zerstört. Nördlich vom Amphitheater befindet sich die Piazza della Erbe, das alte römische Forum, und nun als Marktplatz benutzt. Dieser Platz mit seinen alten Häusern in Fresco, den Fontainen und dem schlanken Thurm, errichtet im Jahre 1360, mit der Marmorsäule, welche die Venetianer für den Löwen von St. Marcus errichteten, der nach dem Untergange der venetianischen Republik herabgestürzt wurde, ist sehenswerth. — Dann gelangt man an die Piazza dei Signoria. Umgeben von einer großen Anzahl von Palästen befinden sich auf demselben die berühmten Grabmäler des alten veronesischen Geschlechtes, der Scaliger, welche einst allmächtig waren.

Eine der schönsten Aussichten in Verona hat man von den Guisi Gärten, oberhalb der Brücke Aqua Monte. Hier steigt eine Terrasse über der anderen empor, jede schöner wie die vorherige und überragt von uralten, monströs großen Cypressen, die wie in die Erde gesteckte Lanzen zum Himmel emporstarren und welche wol über 300 Jahre alt sein mögen. Es wird behauptet, daß dieser Garten der Lieblingsaufenthalt Dante's gewesen sei und daß derselbe hier einen großen Theil seiner „Göttlichen Komödie" geschrieben habe. Die Anlagen in diesen Gärten sind reizend schön, und Kunst und Natur haben gewetteifert, um einen Platz zu schaffen, wie der Nordländer sich ihn kaum denken und ausmalen kann, und der so recht für das italienische „dolce far niente" paßt.

Wir gelangen nun nach

Venedig,

dieser prächtigen, großartigen und unbesiegbaren Republik, deren Armeen 500 Jahre lang die Welt in Erstaunen setzten, wann und wo immer sie kämpften; deren Marine beinahe alle Meere beherrschte, deren Kauffahrteiflotte in jedem Winkel der Erde zu finden war und deren Schiffe die Produkte aller Länder an diesen alten Docks Tag für Tag und Jahr für Jahr ausluden. Diesem selben Venedig, das heutzutage nur ein Schatten des früheren riesenhaften Seins und das der Armuth und dem melancholischen Verfall zugesteuert ist. Vor 600 Jahren war Venedig der Haupthandelsplatz der Welt; sein Markt beherrschte die Erde und von hier aus fanden die Produkte des Morgenlandes ihre Absatzquellen in das gesammte Abendland. Heute sind die Piers verödet, die Waarenlager leer; die Kauffahrteiflotte ist verschwunden und ihre Armeen und Marine existiren nur noch im Gedächtniß. Venedigs Ruhm ist vergangen, und mit den zerbröckelnden Werften und Palästen, mit den stagnirenden Lagunen und der Armuth hat die Welt die Thaten Venedigs vergessen! Die Stadt, welche in ihrer Glanzperiode den Handel von Welttheilen beherrschte und mit einem Federzuge über das Wol und Wehe ganzer Nationen bestimmte, ist eine der verächtlichsten aller Völker geworden — eine Verkäuferin von Glasperlen und unscheinbaren billigen Dingen für Schulmädchen und Kinder! Beinahe scheint es, als wenn es ein Vergehen wäre, den Schleier von Venedigs ruhmreicher Vergangenheit zu lüften und die glorreichen Thaten der alten Republik mit der Gegenwart zu vergleichen. In der That, man sollte sich von ihren Lumpen, ihrer Armuth und ihrer Erniedrigung abwenden und einzig und allein von d e n Tagen sprechen, wo sie die Flotten Karls besiegte, oder Friedrich Barbarossa demüthigte, oder als sie ihre siegreichen Banner stolz auf den Zinnen Konstantinopels aufpflanzte! Beim Tageslicht bietet Venedig wenig, aber wenn der milde Mond leuchtet, dann erscheinen die beschmutzten nnd vernachlässigten Paläste wieder weiß, wie sie ehedem waren, und die alte Stadt scheint sich noch einmal zu derselben feenhaften Größe

wie vor 500 Jahren zu erheben. Es bedarf keiner großen Phantasie, um diese stillen Kanäle dann wieder mit prächtig geschmückten Kavalieren und ihren reich geputzten Damen zu bevölkern; mit Shylocks in Sandalen, welche Anleihen mit den reichen Kaufherren negotiiren, mit Othellos und Desdemonas, Jagos und Roderigos und mit den Kriegsschiffen, welche die siegreichen Armeen zurückbringen! — Venedig darf man nicht am Tage sehen, des Abends und des Nachts ist die richtige Zeit. Die Natur selbst scheint dafür ein Einsehen zu haben, denn am Tage ist es so heiß, daß den meisten Fremden wol das „sight seeing" vergeht.

Wenn man sich Venedig nähert, kommen die blauen Wogen des abriatischen Meeres in Sicht und man passirt die längste Brücke der Welt, mit 222 Bögen, von Steinen errichtet. Die Stadt ist auf 72 Inseln erbaut, welche durch nahezu 400 Brücken mit einander verbunden sind. Die Straßen sind außergewöhnlich eng, so daß Wägen, wenn solche existirten, sie kaum passiren könnten. Die Stelle der Wägen nehmen Gondeln ein, mit denen man von einem Kanal in den anderen fahren und sich an jedem beliebigen Hause absetzen kann. Die Gondeln kann man an jeder Brücke besteigen, oder auf den Ruf „Gondola!" kommen sie rasch herangerudert und nehmen den Passagier auf. Eine gewöhnliche Fahrt kostet 1½ Lire, etwa 30 Cents, bei der Stunde bezahlt man 3 Lire (60 Cents). Es ist bemerkenswerth, mit welcher Gewandtheit die Gondoliere in den engen Kanälen ihre Boote, lange, schmale und zugespitzte Fahrzeuge, lenken und sich ausweichen. Der Gondolier steht hinten auf der Gondel und mit nur einem Ruder, das sehr lang und sonderbar geformt ist, bewegt er sie vorwärts.

Das größte Interesse erregt der St. Markus Platz mit der St. Markus Kirche und dem Dogen=Palaste. Die Kirche wurde im 11. Jahrhundert und ursprünglich im byzantinischen Style erbaut; aber die zahllosen Abänderungen lassen den Styl jetzt als ein mixtum compositum erscheinen. Die berühmten Pferde von Bronze, welche von Rom nach Konstantinopel, von da nach Venedig, dann nach Paris und dann wieder zurück nach Venedig entführt wurden, befinden sich über dem Portal der Kirche. Der sogenannte „Campanile", eine Art Thurm, auf dem St. Markus=Platze, nahe der Kirche, ist 315 Fuß hoch, und hat man von oben eine herrliche Aussicht auf die Stadt und das adriatische Meer. Das Hinaufsteigen ist sehr bequem, und die „Story", daß Napoleon der Große auf seinem Pferde hinaufgeritten sei, erscheint wahrscheinlich. Der Dogenpalast datirt vom 14. Jahrhundert und ist seit seiner Erbauung keine nennenswerthe Veränderung mit ihm vorgenommen worden. Man kann auf dem St. Markus=Platze nicht lange genug verweilen, denn bei jedem Schritt und Tritt bieten sich interessante Erinnerungen und die Paläste an drei Seiten des Platzes mit ihren Kolonaden und Frescos bannen das Auge. Vor dem mittleren Eingang der Kirche befindet sich auf dem Fußboden eine Marmortafel, welche den Fleck angiebt, wo Kaiser Friedrich Barbarossa und Papst Alexander der Dritte im Jahre 1117 zusammenkamen und der Erstere niederkniete und die Verzeihung des Papstes erhielt.

Der Eingang zu dem berühmten Dogenpalaste befindet sich an der Seite des St. Markus=Platzes, und die „Treppe der Riesen", wo die Krönung der Dogen stattfand, ist ebenfalls hier. Die großen Hallen im Palaste, die Ausstattung derselben, die Gemälde u. s. w., erwecken des Besuchers wärmstes Interesse. Da gelangen wir in den Saal des „Rathes der 300", wo über die Geschicke von Nationen verhandelt und bestimmt wurde. Rings an den Wänden befinden sich die Bildnisse der Dogen; das bemerkenswertheste ist die schwarze Tafel, da angebracht, wo der Doge

Marino Faliero sich befinden sollte, und deren Inschrift in kurzen Worten eine ganze schreckliche Geschichte erzählt „Hic est locus Marini Falethri, decapitati pro criminibus." (Dies ist der Platz des Marino Faliero, der wegen Verbrechen enthauptet wurde.) 72 solcher Bilder, mit dem Jahre 809 beginnend, befinden sich hier. Unter den Portraits sind eine große Anzahl Gemälde, aber sehr schlecht restaurirt, welche die Geschichte Venedigs illustriren. — Die Wände und Decken in den Zimmern der Dogen und in dem Saale des „Rathes der Zehn" sind geschmückt mit Bildern, gemalt von Titian, Paul Veronese und anderen großen venetianischen Meistern. Im Saale der „Zehn" befindet sich auch die Oeffnung, welche mit dem berühmten, oder vielmehr berüchtigten, Löwen-Maul in Verbindung stand; in das letztere wurden die geheimen Denunziationen gesteckt und dann vom „Rath der Zehn" untersucht. Was aber eine derartige Untersuchung zu bedeuten hatte, lehrt die Geschichte Venedigs. Wer sich eines Feindes entledigen wollte, brauchte nur annonyme Angaben zu machen und konnte ziemlich sicher sein, daß der Angeschuldigte eingekerkert und, wenn auch noch so unschuldig, nur gebrochen an Geist und Körper, wenn überhaupt, wieder zum Vorschein kam. — Vom Dogen-Palaste geht es über einen schmalen Kanal nach dem Gefängniß — man meint, daß man hinüberspringen könne. Die Verbindung ist durch die „Seufzerbrücke" (Ponte dei Sospiri) hergestellt. Diese Brücke ist vollständig bedeckt und in zwei Hälften abgetheilt, so daß man nicht sehen konnte, wer über dieselbe ging. Durch die eine Hälfte der Brücke gingen die Verurtheilten, welche eben vom „Rath der Drei" leichtere Strafen erhalten hatten, in das Gefängniß; durch die andere die unzähligen zum Tode Verurtheilten, oder Solche, die niemals wieder zum Vorschein kommen sollten, sondern ihr elendes Dasein in den unterirdischen, feuchten Zellen beschließen mußten. —

Auf dem St. Markus Platz wird jeden Abend, um 8 Uhr beginnend, ein großes Concert gegeben, und da findet sich denn Alles ein, was in Venedig einen anständigen Rock anhat, sowie die vielen, vielen Fremden, die jeden Tag hier verweilen. Unter den Kolonnaden sind eine große Anzahl von Restaurationen, die ihre Stühle und Tische weit in den Platz herausstellen und die dann alle besetzt sind. Bei der Beleuchtung und dem hin= und herwogenden Menschenstrom macht der große Platz einen unvergeßlichen Eindruck.

Das schönste, was „Venezia" bietet, ist eine Gondelfahrt auf dem „großen Kanal" am Abend und bei Mondschein. Ruhig und still ist das Wasser und langsam gleitet die Gondola vorwärts. An beiden Seiten des breiten Kanals befinden sich die schönsten, alterthümlichen Paläste. Auf den Balkonen und in den Fenstern sitzen schöne Damen, Cigarretten rauchend, und die leichten, hellen Gewänder vom hellen Mondlicht beleuchtet. Gesang ertönt hier und da, begleitet von Mandoline und Guitarre. Da passiren wir eine Gondola, in der sich ein Männerquartett befindet, welches, mit wundervollen Stimmen begabt, seine schwer= müthigen und ergreifenden Lieder ertönen läßt. Bravos und Händeklatschen aus den Palästen belohnen die Sänger, welche mit vollendeter Grazie sich erheben und verbeugen, und zum Dank einige heiße Liebeslieder und feurige patriotische Weisen zum Be= sten geben. —

Der Mond leuchtet immer schöner und in weiter Ferne er= scheinen die Alpenhügel, goldschimmernd, und schließen das Pano= rama würdig ab. Stundenlang bis lange nach Mitternacht fährt man in der lauen Sommernacht auf dem Kanal, ohne müde zu werden, und wenn man endlich im Hotel sich zur Ruhe begiebt, schließt man die Augen mit einem Lächeln und der letzte Gedanke

ist: „Ich bin in Venedig und morgen werde ich die Schönheiten
wiedersehen". —

Eine Fahrt per Gondel nach dem Lido, einem sehr schönen
Seebade, gegenüber Venedig, am adriatischen Meer gelegen, be=
friedigt den Fremden ebenfalls und wird sicherlich zu den ange=
nehmen Reiseerinnerungen gezählt werden. Lido mahnt mit sei=
nen Einrichtungen lebhaft an Coney Island bei New York,
natürlich in verkleinertem Maßstabe. —

Mailand.

Von Venedig nach Mailand fährt man in ungefähr 9 Stun=
den und passirt auf dem Wege das Städtchen Peschiera, am süd=
lichen Ende des Garda See's, der ungefähr 35 Meilen lang und
7 Meilen breit ist. Der Garda=See ist nicht so reich an schönen
Scenerien wie der Comer See, aber doch wechselt eine interessante
Partie mit der anderen ab, und bedauert der Reisende, welcher im
Fluge auf der Eisenbahn vorbeirast, daß er nicht zu Fuß diese
schönen Touren machen könne. —

Eisenbahnfahrten in Italien (und ich will gleich hinzufügen
auch in Frankreich) gehören gerade nicht unter die Annehmlich=
keiten der Reise. Die Waggons sind sehr schlecht eingerichtet und
von Bequemlichkeiten für die Reisenden ist keine Spur; während
man in ganz Deutschland in der zweiten Wagenklasse vorzüglich
fährt, und während die letztere elegant und sauber ausgestattet
ist, kann man in Italien und Frankreich auf längere Entfernungen
hin kaum die zweite Klasse benutzen, sondern man muß die erste
Klasse nehmen, theuere Preise dafür zahlen und fährt lange nicht
so angenehm wie in der zweiten Klasse in Deutschland. Auch das
Bahnpersonal in Italien und Frankreich ist nicht so zuvor=
kommend wie das deutsche; wenn man einem deutschen Bahn=
schaffner ein kleines Trinkgeld giebt so kann man sicher sein, daß

man für die Dauer der Reise unbelästigt bleibt. In Italien dagegen, nimmt der Konduktcur ein gehöriges Trinkgeld nur, um bei der ersten besten Gelegenheit, meistens kaum 5 Minuten, nachdem er das Geld schmunzelnd in die Tasche geschoben und sein: „Gracias, Signor" gesagt hat, das ganze Coupé vollzupfropfen. Es ist das reine Geldwegwerfen, wenn man auf italienischen Bahnen dem Konduktcur ein Trinkgeld giebt, viel besser ist es, den Geldbeutel zugeknöpft zu halten und sich in das Unvermeidliche resignirt zu fügen.

Mailand ist die Hauptstadt der Lombardei und enthält ungefähr eine viertel Million Einwohner. Die Kathedrale ist eine der berühmtesten in Europa, und was Größe anbelangt, soll sie nur von zweien, der St. Peters in Rom und der Kathedrale von Sevilla (in Spanien) übertroffen werden. Der Dom der Mailander Kathedrale ist 220 Fuß hoch und der Thurm ragt 360 Fuß in die Luft. Von da oben liegt Mailand zu den Füßen des Beschauers wie auf einer Karte und in der Ferne sieht man den Mont Blanc, Mont Rosa, das Matterhorn und den großen Sankt Bernhard, in der Schweiz.

Im Ganzen giebt es in Mailand 80 Kirchen, unter denen die von St. Ambrose, St. Lorenzo und Santa Maria delle Grazie zu erwähnen sind. In der letzteren befindet sich das berühmte Gemälde von Leonardo da Vinci: „Das hl. Abendmahl". Dasselbe ist direkt auf eine Mauer gemalt, und da dieselbe sehr feucht ist, befindet sich das Gemälde in einem sehr verwahrlosten Zustande. Von weiteren Sehenswürdigkeiten sind hervorzuheben: die Brera, oder der Palast der schönen Künste und Wissenschaften, mit einer Bibliothek von mehr wie 170,000 Bänden; die Piazza d'Armi mit einem Triumphbogen und einem Amphitheater, welches Sitzplätze für 10,000 Personen hat; die Pinacoteca, oder Bildergallerie; ferner die Galleria Vittorio Emanuele, welche 1000 Fuß lang und 50 Fuß breit ist und die Plätze del Duomo und La Scala miteinander verbindet. Die Gallerie enthält an beiden Seiten prächtige Kaufläden. —

Um von Mailand aus nach der Schweiz zu gelangen, giebt es verschiedene Wege; wir wählten die Route durch den St. Gotthard Tunnel. Man passirt auf derselben den Comer See, bekanntlich die Königin unter allen italienischen Seen. Bei dem Städtchen Bellaggio hat man von den Wagenfenstern aus eine prachtvolle Total Ansicht über den Comer See, und alle Reisenden, die meisten mit Ferngläsern bewaffnet, stehen bewundernd an den Fenstern, um sich die wechselnden Scenerien nicht entgehen zu lassen. Der St. Gotthard Tunnel ist $9\frac{1}{4}$ Meile lang und dauert die Eisenbahnfahrt durch denselben genau 35 Minuten. Ehe man von der italienischen Seite in den Tunnel hineinfährt, wird bei dem Städtchen Airolo angehalten; die Schaffner schließen alle Thüren und Fenster und warnen die Passagiere, dieselben nicht zu öffnen. Der Telegraph berichtet von der anderen Seite, daß Alles in Ordnung ist, und vorwärts geht es durch das undurchdringliche Dunkel des Tunnels, bis man an der schweizer Seite, bei der Stadt Göschenen, wieder das Tageslicht erblickt. In Göschenen wird eine halbe Stunde gerastet, die von den meisten Reisenden benutzt wird, um in der Bahnhofs=Restauration zu diniren. Wer es aber einmal gethan hat, thut es so leicht kaum wieder; wenig und sehr schlecht, aber herzlich theuer, das scheint die Parole des Eisenbahnwirthes in Göschenen zu sein.

Von Göschenen geht es bergab bis nach Fluelen am Vierwaldstätter See und man passirt Altorf, in welchem Dorfe Wilhelm Tell den berühmten Apfelschuß gethan haben soll, den Schiller unsterblich gemacht hat.

Um von Aarau, wo wir uns des Turnfestes wegen einige Tage aufgehalten hatten, nach Paris zu gelangen, mußten wir über Basel, Besoul und Belfort fahren, was mit dem Courirzuge etwa 11 Stunden dauert.

XI.

Paris.

Brüssel, 10. August.

Paris muß man sehen, man muß die Straßen durchwandern, die Läden beschauen und besuchen; man muß seine Studien der Stadt und ihrer Bewohner an Ort und Stelle machen, wenn man einen Begriff von der Riesenstadt bekommen will. Das heutige Paris zählt nahezu 2 Millionen Einwohner und hat sich beinahe ganz von den furchtbaren Schlägen der Jahre 1870 und '71 erholt. Fast nur die geschwärzten Mauern der damals niedergebrannten Tuilerien legen jetzt noch Zeugniß ab von der ruchlosen Mord= und Brandgier der Kommunisten, welche damals ihr blutiges Schreckensregiment in Paris führten. Gerade wie im Jahre 1793 hatte sich der Wahnsinn der Bevölkerung bemächtigt; Frauen und Kinder paradirten im Verein mit den Kommunarden die Straßen, gefüllte Petroleumflaschen in den

Händen, und setzten die Häuser in Brand. „Da wurden Weiber zu Hyänen". 73 Tage dauerte das Schreckensregiment; 238 prächtige Gebäude wurden niedergebrannt und der Stadt ein Schaden von über 200 Millionen Dollars verursacht, ehe es den Regierungstruppen gelang, die entmenschten Bestien zu bändigen und zur Raison zu bringen.

Eine wechselvolle Geschichte hat das Louvre in Paris durchlebt, ehe es aus einem prunkvollen Königsschlosse in eines der reichhaltigsten Museen Europas verwandelt wurde. Der Anfang des Louvre datirt vom Jahre 1217 und soll Philipp August der Erbauer der Burg gewesen sein, welche Karl V., 150 Jahre später, zu einem Königshof erweiterte. Im Jahre 1528 ließ Franz I. die alten Gebäude niederreißen und neue, prunkvollere an ihrer Stelle erbauen. Viele Jahre wurde dann das Louvre zur Aufnahme fremder sich in Paris aufhaltender Monarchen benutzt, und fast jeder der französischen Könige hat das Louvre weiter ausbauen lassen. Unter Ludwig XIV., der den Schloßbau in Versailles begann, wurde der Bau liegen gelassen und bald war das Louvre nur noch eine moosbedeckte Ruine; die brauchbaren Räumlichkeiten wurden von niederen Hofbeamten, Dienern, Kutschern und Köchen in Besitz genommen und Nichts zur Erhaltung des Louvre mehr gethan. Erst Konsul Bonaparte benutzte die Louvresäle, nachdem sie restaurirt waren, um die in Italien geraubten Kunstschätze in denselben aufzustellen. Nach Napoleon's Sturz wurde wieder nichts für den Ausbau des Louvre gethan; die Revolution von 1848 erklärte es zu einem Volkspalaste, aber Napoleon III. wandte 20 Millionen Francs daran, um das Louvre wieder herzustellen und es mit den Tuilerien, welche er zu einem prunkreichen Kaiserpalast herrichten ließ, zu verbinden. So ist das Louvre dann Burg und Königspalast gewesen, dann verlassen und halbverfallen, von dem ersten Napoleon in ein Museum verwandelt, dann Nationaleigenthum geworden, vom dritten Napoleon wieder restaurirt, von der Kommune beinahe vernichtet und jetzt eine der reichhaltigsten Kunstsammlungen Europa's. Wahrlich ein wech=

Paris: Das Louvre.

selvolles Schicksal! Und wie viel Geschichte hat sich im Louvre abgespielt! Hier feierte Heinrich von Navarra am Bartholo= mäustage seine verhängnißvolle Hochzeit mit Margarethe von

Valois. Während man fröhlich schmauste, besetzten starke Wachen alle Ausgänge des Louvre, worauf um Mitternacht die Glocke der Kirche von St. Germain das Zeichen zum Morde der Protestanten gab. Heinrich mußte unter Androhung des Todes katholisch werden und in Paris wurden 5000, im übrigen Frankreich 70,000 Hugenotten umgebracht.

Man sieht in den Sälen des Louvre, 130 an Zahl, egyptische, syrische, algerische und amerikanische Sammlungen. Im ersten Stockwerk sind Gemälde der verschiedenen Schulen ausgestellt, ebenso Zeichnungen und Stiche, Bronzen, griechische, römische und etruskische Alterthümer. Im zweiten Stockwerk befindet sich das Marine-Museum, worin der Fortschritt der Seemannskunst seit Jahrhunderten veranschaulicht wird; ferner das amerikanische Museum, in welchem hauptsächlich Alterthümer aus den Grabstätten von Peru, Bolivien und Mexico ausgestellt sind. Auch das chinesische Museum, Merkwürdigkeiten enthaltend, aus dem im Jahre 1860 geplünderten königlichen Palaste in Pekin herrührend, ist hier zu sehen. Im Napoleonssaale sieht man den Schreibtisch, Feldstuhl und Feldbett des großen Napoleon, seinen hechtgrauen Ueberrock und den kleinen dreieckigen Hut, den er 1813—14 trug, seine grüne Gardeuniform mit der weißen Weste, sein Reiseschreibzeug, Krönungsmantel, Uhr, Degen, Schnupftabaksdosen, den abgegriffenen Hut und Rohrstock, die er als einsam Verbannter auf St. Helena trug, das Taschentuch, welches er beim Sterben in der Hand hielt, sein Sattelzeug aus der Schlacht bei den Pyramiden u. s. w. Welche Erinnerungen von den uralten Pharaonen, bis auf den Eroberer Egyptens, den Konsul Bonaparte, gehen an der Seele des Beschauers vorüber! Schutthaufen sind die Riesenstädte Ninive und Babylon mit ihren Palästen und Siegesdenkmälern, und das ruhmprunkende Paris, wie nahe war es demselben Schicksale, als die ruchlose Hand

der Kommunisten die Brandfackel an seine Kunstschätze und Denk=
mäler legte!

Schaurig ragen die geschwärzten Trümmer der Tuilerien,
des Kaiserpalastes, zum Himmel empor, stumme, aber beredte
Zeugen der Wildheit des Pariser Pöbels, welcher am 22. Mai
1871 mit Petroleum und Pulver die Einäscherung des Pracht=
baues begann. Drei Tage und Nächte dauerte der Brand, bis
nichts mehr übrig war als ein gigantischer Haufen rauchender
Ruinen. Ludwig XVI. erlebte in den Tuilerien die tiefsten De=
müthigungen, die ein gekröntes Haupt treffen können. Gewalt=
sam hatten ihn die Volksmassen aus Versailles nach Paris geholt,
und er, der 20,000 Menschen hatte einkerkern lassen, wurde
in diesem Palaste von dem souveränen Volke der Pikenmänner
wie ein Gefangener gehalten und endlich aus demselben vertrie=
ben, um das Blutgerüst zu besteigen. Im Juli 1792 stürmten
an 30,000 Pikenmänner, Nationalgardisten, Weiber und Pöbel
in's Schloß, durchflutheten die Säle, deren Thüren sie mit Aexten
sprengten. Drohend, verhöhnend, beschimpfend, zogen die Mas=
sen an dem König vorüber. Ein Mann hielt ihm auf der Spitze
seiner Pike eine rothe Jakobinermütze hin, die der König aufsetzen
mußte, ein anderer reichte ihm eine Weinflasche, aus welcher der
ermattete König trank. Aerger ging es im August her, als die
Tuilerien nochmals erstürmt wurden. Das Volk hatte die Ab=
setzung des Königs verlangt, und auf den Rath einiger Abgeord=
neten des Gemeinderathes ließ sich Ludwig bereden, sich mit seiner
Familie, den Ministern und 200 treuen Schweizern, als Be=
deckung, nach dem Sitzungssaale des Parlaments zu begeben.
Der Vorsitzende des letzteren sicherte ihm allen Schutz zu und ließ
ihn neben sich Platz nehmen. Doch erhoben einige Abgeordnete
hiergegen Einwand, und so wurde der König in das Zimmer der
Berichterstatter gebracht, von wo aus er zuhören mußte, wie man

Kirche St. Germain des Prés.

Das neue Opernhaus.
PARIS

Thurm St. Jacques.

seine Absetzung beschloß. Unterdessen hatten Haufen wüthender
Jakobiner die Tuilerien gestürmt, und nachdem sie die wachehaltenden
Schweizer und Nationalgardisten niedergemetzelt hatten,
(die Geschichte sagt, es seien 4500 Menschen dabei getödtet worden),
wurden die Zimmer verwüstet und geplündert. Nach der
Absetzung des Königs wurde derselbe durch den Gemeinderath
nach dem Palast Luxemburg gebracht, von hier nach dem Temple,
wo Gericht über ihn gehalten wurde und das mit der Guillotine
endete. Auf dem Platz de la Concorde, genau an demselben
Orte, wo sich jetzt der Obelisk von Theben erhebt, war das Blutgerüst
aufgeschlagen. Als der Karren, auf welchem sich der verurtheilte
König befand, sich dem Schaffot näherte, sagte Ludwig:
„Nun sind wir hier angelangt". Er zog seinen Rock aus und
öffnete seinen Hemdbusen; festen Schrittes stieg er die Stufen
hinauf und ließ seinen Blick ruhig über die zahllos versammelte
Menschenmenge gleiten; dann trat er an den Rand der Platform
und rief mit lauter Stimme: „Franzosen, ich sterbe unschuldig!
Ich verzeihe allen meinen Feinden und ich wünsche, daß Frankreich
— — —", hier wurde seine Stimme durch lauten Trommelwirbel
erstickt, die Scharfrichter rissen ihn brutal zurück, banden
ihn, und unter dem Rufe seines Beichtvaters: „Sohn des
heiligen Ludwig, steige auf zum Himmel", fiel das Messer, und
Sanson, der erste der Scharfrichter, zeigte das abgeschlagene
Haupt den blutdürstigen Wilden vor dem Schaffot. Es entstand
ein Ringen, um die Piken, die Hände und die Taschentücher in
das herabfließende königliche Blut zu tauchen. So machtlos und
wehrlos endete das absolute Königthum, vor welchem nicht allein
Frankreich, sondern das ganze Europa so oft gezittert hatte.

    Napoleon der erste feierte in den Tuilerien seine Hochzeit
mit Maria von Oesterreich; hier wurde der König von Rom geboren,
auf den so große Hoffnungen gesetzt wurden, und der schließ=

lich nach dem Sturze Napoleon's so schmählich durch Metternich'sche Kreaturen hingemordet wurde. Von den Tuilerien erließ der große Napoleon seine Machtbefehle an die Herrscher Europa's und aus denselben vertrieb er nach seiner Rückkehr von der Insel Elba Ludwig XVIII., der 1814 den verhängnißvollen Palast bezogen hatte. Des letzteren eibbrüchiger Sohn und Nachfolger Karl X. wurde durch die Revolution von 1830 aus den Tuilerien vertrieben, und Louis Philipp von Orleans, der erst die Marsaillaise mitgesungen hatte, sie aber später als staatsgefährlich verbot, mußte ebenfalls aus den Tuilerien flüchten und froh sein, daß er unerkannt mit Frau und Kindern eine unscheinbare Droschke nehmen und sich in Sicherheit bringen konnte. Unter Napoleon dem Dritten waren die Tuilerien ein förmliches Eldorado und 18 lange Jahre regierte die kaiserliche Macht durch ein organisirtes System von Betrug, Kühnheit, Raub und Spionage; aber 1870 schlug auch die Stunde des dritten Napoleon! Welcher Palast hat so viele Herrscher auf den Thron erheben und von demselben verjagen, so oft Regierungsformen wechseln sehen? Napoleon der I. und III. machten die Tuilerien sozusagen zum Mittelpunkte der Weltgeschichte — — der Volkszorn machte sie zu einem Schutthaufen, den man bis jetzt noch nicht durch Neubauten zu beseitigen wagte.

Nicht minder reich an Erinnerungen und an die Wandelbarkeit aller irdischen Dinge erinnernd, ist das Palais Royal, das von dem allmächtigen Richelieu erbaut wurde und in welchem Schlosse, das man seiner prachtvollen Einrichtung wegen das Wunder von Paris nannte, der große Staatsmann starb. Richelieu vermachte den Palast testamentarisch seinem Könige und wurde derselbe von Anna von Oesterreich mit ihren Kindern, Ludwig XIV. und Philipp I. von Orleans, bezogen. Nach ihrem Tode schenkte Ludwig das Prunkschloß seinem Bruder Philipp.

Dessen Sohn Philipp II. machte das Palais Royal zum Schauplatz schandbarer Ausschweifungen, wie sie kaum an den Höfen der verrufensten altrömischen Kaiser vorgekommen sind. Um die Kosten für solche maßlose Verschwendung aufzutreiben, bürdete der Wüstling dem darbenden Volke Steuer auf Steuer auf und verpraßte mit seinen Günstlingen und Maitressen Millionen über Millionen. Doch die Nemesis blieb nicht aus und die Revolution hatte als Antwort auf das Lasterleben im Palais Royal — die Guillotine. Nach dieser Periode wurde das „Palais Royal" nach und nach der splendide Bazar, den man heute findet. Ein Laden reiht sich an den anderen, und man kann in diesen Läden Alles finden, was das Herz begehrt. Von den kostbarsten Diamanten, jeder im Werthe von Tausenden von Dollars, bis zu den einfachsten und billigsten, aber immer eleganten, Dingen findet man im „Palais Royal" eine ungeheure Auswahl, und das ist auch der Grund, weßhalb das Palais, oder vielmehr die Läden daselbst (es sind im Ganzen wol 300) besonders von den Fremden so stark besucht werden. Die Goldschmiedekunst ist ganz besonders vertreten, und jeder Laden wetteifert mit seinen Konkurrenten, prächtige Sachen auszustellen; dreiviertel von allen Läden sind nur mit Juwelen und Gold- und Silberwaaren angefüllt.

Auch an das „Palais Royal" wurde durch die Kommunisten im Jahre 1871 Feuer gelegt, und der ganze südliche Flügel wurde eine Beute der Flammen. Der Garten des „Palais Royal" hat einen Weltruf, und die Fremden beeilen sich, demselben einen Besuch abzustatten, der aber ziemlich enttäuscht. Groß genug ist der Garten wol, aber Anspruch auf Schönheit kann er kaum machen, denn die Anpflanzungen beschränken sich auf vier Reihen von Bäumen, die sich von einem Ende zum anderen hinziehen, einem kleinen runden See in der Mitte und einigen Blumenbeeten an jeder Seite, sowie ein paar Marmorstatuen. Eine Militärkapelle spielt jeden Nachmittag zwischen 5 und 6 Uhr, und ist dann der Garten von einer unabsehbaren Menschenmenge belagert. Nichtsdestoweniger ist der Garten des „Palais Royal" kein unangenehmer Aufenthaltsplatz, weil er Gelegenheit giebt, Studien über den französischen Volkscharakter zu machen. Alle Typen der französischen Gesellschaft kann man hier beobachten, von dem „Swell" an, bis zu den „Nurses", die letzteren in den verschiedenartigsten, aber ohne Ausnahme höchst eleganten Anzügen. Und um alle herum scherwänzelt der französische Soldat, in rothen Hosen, Offiziere und Gemeine durcheinander, und ihre schmachtenden Blicke, ihre vielsagenden Geberden und ihre feurige Sprache finden, allem Anschein nach, bei dem weiblichen Theile der Besucher des Gartens ermuthigende Aufnahme. Das „zweierlei Tuch" hat doch in allen Ländern einen besonderen Reiz bei den Frauen! —

In dem ehemaligen Garten der Tuilerien wurde gerade das Fête nationale abgehalten. Nationalfest! Ein hochtönender Name, der sich aber bei näherer Untersuchung als nichts weiter wie ein kolossaler Jahrmarkt mit Schaubuden, Schießständen, Würfelbuden u. s. w. herausstellte. Da drängte sich denn des Abends eine ungeheuere Menschenmenge, so daß man im wahren Sinne des Wortes kaum durchkommen konnte. Die Caroussels (Flying dutchmen) fielen uns auf, weil sie mit der allergrößten Eleganz ausgestattet waren, von der wir in Amerika gar keinen Begriff haben. Die Caroussels wurden ganz besonders von der schönen Halbwelt, den Grisetten und Cocotten, patronisirt und sah es gelungen aus, dieselben auf Löwen, Tigern, Hirschen u. s. w., welche die Sitze bildeten, balanciren zu sehen.

Der Platz de la Concorde ist wol der schönste und imposanteste „Square" in ganz Europa; auf demselben befindet sich, wie schon bemerkt, der egyptische Obelisk, ein Geschenk Mehe-

med Ali's an Frankreich. Derselbe ist ein Monument von soli=
dem, rothem Granit, 76 Fuß hoch und mit 3 Reihen sehr gut prä=
servirter Hieroglyphen bedeckt. Die Auslagen, welche die Ueber=

Paris: Die Elysischen Felder (Champs Elysees).

führung des Obelisken nach Frankreich und die Aufstellung ver=
ursachten, waren zwei Millionen Franken, und da derselbe etwa
500,000 Pfund wiegt, kostet jedes Pfund Stein also vier Fran=

ken! An jeder Seite des Obelisken befinden sich recht hübsche Springbrunnen. Die acht Statuen, welche den Platz de la Concorde schmücken, repräsentiren die Städte Lyons, Marseilles, Bordeaux, Nantes, Rouen, Brest, Lille und —— Straßburg. Im Jahre 1814 campirten auf dem Platze die Kosacken, 1815 die Engländer und 1871 die Deutschen; im folgenden Mai wurde auf dieser Stelle der erbitterte Kampf zwischen Regierungstruppen und den Kommunarden zu Ende gebracht.

Wenn man in der Mitte des Platzes de la Concorde steht, hat man eine prächtige Aussicht auf den Triumphbogen, am Ende der Avenue des Champs Elysees, durch welche man in das Bois de Boulogne gelangt. Die Champs Elysees und das Bois de Boulogne kann man aber nur dann genügend bewundern, wenn man eine Kutsche miethet und einige Stunden sich herumfahren läßt, besonders auch nach den hauptsächlichsten Attraktionen, den Kaskaden, den Seen und der Seine entlang. Die Zeit zum Diniren ist in Frankreich um etwa 6 Uhr Abends und in den beiden Stunden vor dieser Zeit sieht man unzählige Equipagen und fashionable „Turnouts", welche sich die schönen Alleen zu Nutze machen und zu gleicher Zeit ihren Insassen Gelegenheit geben, mit den geschmackvollsten Toiletten zu glänzen. Aber auch zu allen anderen Zeiten des Tages und bis spät in die Nacht hinein, sind die Promenaden immer gut besucht, da sie für die schönsten in Paris gehalten werden. — Wenn man einen Omnibus besteigt und sich oben auf das Dach setzt, kann man das Leben und Treiben in Paris recht genau studiren. Diese Art und Weise zu fahren und Beobachtungen zu machen, ist ganz besonders empfehlenswerth, und da das Omnibus-System in Paris vorzüglich ist und man nach allen Richtungen hin für ein Billiges fahren kann, werden die Omnibusse auch sehr stark frequentirt.

Auf dem Platze de l'Opera steht das **Opernhaus**, welches 12 Millionen Dollars zu erbauen gekostet hat. Die innere Einrichtung ist so großartig und prächtig, daß es unmöglich ist, eine Beschreibung davon zu geben; Abends bei der brillanten Beleuchtung ist der Effekt geradezu magisch. Die große Treppe im Innern, mit den Aufgängen zu den Logen, steht wol einzig in der Welt da.

Die **Vendome=Säule**, mit der Statue des großen Napoleon, steht am Ende der Straße de la Paix; sie ist eine Nachahmung der Trajansäule in Rom und wurde auf Befehl Napoleon's I. zur Verherrlichung seiner Siege hergestellt. Die Höhe der Säule ist 135 Fuß, der Durchmesser 13 Fuß und kann man ziemlich bequem vermittelst einer im Innern befindlichen Wendeltreppe die Säule besteigen. Die Statue Napoleon's ist 16 Fuß hoch und unter derselben befindet sich eine Gallerie, von welcher sich kürzlich ein vom „spleen" geplagter Engländer herabstürzte und natürlich auf der Stelle todt blieb. Am 16. Mai 1871 wurde die Vendome=Säule durch die Kommunisten umgerissen und zerschmetterte in Stücke. Glücklicher Weise wurden die Fragmente in Sicherheit gebracht, so daß die Säule später, als wieder geregelte Zustände eintraten, rekonstruirt werden konnte.

Die **Kirche von Notre Dame** ist unter allen Pariser Gotteshäusern die bemerkenswertheste; sie ist im Jahre 1236 beendet worden und über 400 Fuß lang und 164 Fuß breit. Der Thurm ist 315 Fuß hoch.

Auf Anregung von Henry Rochefort beschloß die Kommune im Jahre 1871, daß die Schätze, welche während Jahrhunderten in der Kirche angehäuft waren, National=Eigenthum seien und verkauft werden sollten. Aber der größte Theil war bereits vorher heimlich in Sicherheit gebracht worden und so blieb den Kommunisten sehr wenig übrig. Dafür wurden dann die Stühle und andere Geräthschaften zusammengehäuft und vor der Kirche verbrannt. Die Kirche selbst entging der Zerstörung durch Feuer durch die zeitige Ankunft der Truppen von Versailles.

Dieser letztere Platz liegt etwa 15 Meilen von Paris, und wird von den Fremden besonders jeden ersten Sonntag im Monat besucht, weil dann die sämmtlichen Fontänen in dem ungemein großen und wunderbar schön angelegten Schloßgarten springen. Man muß sich nun aber ja nicht denken, daß dies Fontänen gewöhnlicher Art sind; nein, die Arbeit und das Geld, welches die Herstellung dieser Wasserkünste gekostet hat, geht in das Fabelhafte und heutzutage würde es kaum möglich sein, Aehnliches zu erbauen.

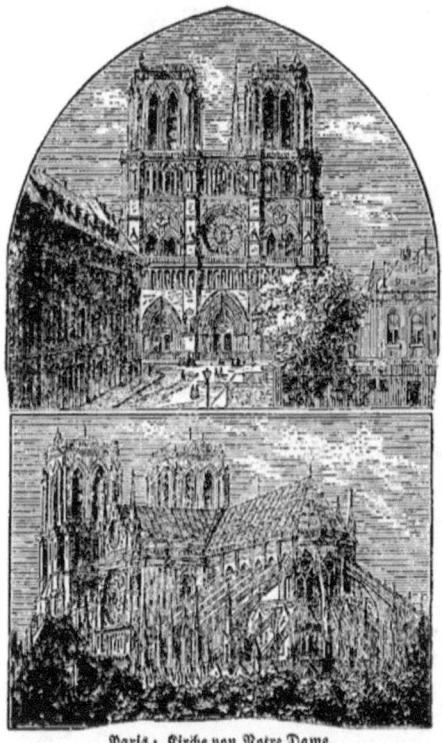

Paris: Kirche von Notre Dame.

Es giebt im Ganzen 5 große Bassins, genannt Latone, La Colonnade, d'Enclade, Apollon und Neptun, welche sich in dem Schloßgarten in einem Umkreise von etwa 50 Ackern befinden. Das Bassin des Neptun ist das großartigste: außer etwa 36 großen Fontänen in diesem Bassin, welche ihre Strahlen haushoch werfen, sind überall, wo es anging, Delphine und andere Meeresungeheuer von Stein und Bronze in dem Bassin angebracht, die alle Wasser nach den verschiedensten Richtungen ausspeien. Der Anblick ist großartig und bezaubernd. — —

Die Zeit, welche der Fremde in Paris zubringen muß, um alle Sehenswürdigkeiten in Augenschein zu nehmen, ist kaum anzugeben; die Stadt ist so groß und der Sehenswürdigkeiten so viele, daß man sicher mehr wie einen Monat Zeit verwenden könnte und doch nicht fertig würde. Die Ausgaben in Paris kann Jeder selbst nach seiner eigenen Börse reguliren. Man kann sehr viel für einen Franken (20 Cents) haben und auch sehr wenig, nur muß man wissen, wohin man geht. Logirt man in den feinen, fashionablen Hotels, so muß man entsprechend bezahlen, und nimmt man seine Mahlzeiten in den eleganten Restaurationen des Boulevard des Italiennes, so ist es nicht zu verwundern, wenn ein gutes Diner mit Wein 15 Franken kostet. Dagegen giebt es auch eine große Anzahl sehr guter Hotels, oder man kann sich auch elegant möblirte Privatzimmer aussuchen, wo man für ein Billiges, 1½ bis 2 Franken täglich, sehr gutes und angenehmes Quartier findet.

Paris: Das Pantheon.

Gerade so geht es mit den Restaurationen, man kann ganz vorzügliche Diners mit Wein in den Nebenstraßen schon für 2 Franken erhalten. Die Küche in Paris ist vortrefflich in jeder Beziehung und mit vollem Rechte wird sie von Jedermann gepriesen; man kann getrost in irgend eine Restauration hineingehen, ob theuer oder billig, und immer findet man das Essen vorzüglich zubereitet. — Das Trinkgeldnehmen ist in Paris zu einer Wissenschaft ausgearbeitet worden; einerlei, was man ißt oder trinkt, und wäre es auch nur ein Glas Bier, der Aufwärter bekommt, wenn man bezahlt, ein Trinkgeld. In den Cafés ist das Trinkgeld die Besoldung der Kellner, welche sogar an die Eigenthümer jeden Tag, je nach der Frequenz der Lokale, von 2 bis 5 Franken

Paris: Invaliden Dom.

dafür zahlen müssen, daß ihnen gnädigst erlaubt wird, aufzuwarten.

Die Läden und Schaufenster in Paris sind unstreitig die schönsten der Welt und sehr viele Geschäfte haben das „prix fixe" (feste Preise) System eingeführt und handeln strikt darnach; die Majorität der Ladenbesitzer aber sucht, besonders aus den Fremden, soviel wie möglich herauszuschlagen. Wo deßhalb das Plakat „prix fixe" fehlt, ist es unumgänglich nothwendig, daß der

Käufer entweder die Waare und ihren Werth genau kennt, oder wenn das nicht der Fall ist, muß er handeln. Das letztere ist natürlich immer unangenehm und meistentheils sieht sich der Käufer doch geprellt. So lernten wir in unserem Hotel einen Amerikaner kennen, der, als dieses Thema zur Sprache kam, seine Erfahrungen zum Besten gab, und mit ironischem Gleichmuthe erzählte, wie er in einem Geschäfte für einen Artikel, für den man 24 Franken gefordert, 9 Franken bezahlt und geglaubt habe, einen rechten „Bargain" zu machen. Zu seinem Erstaunen habe er aber dann später ausgefunden, daß er doch noch um 5 Franken geprellt worden sei.

Das größte Geschäft in Paris ist wol das von Aristide Boucicault gegründete Magazin „Au bon marche", welches ein ganzes Straßengeviert einnimmt. Man kann in diesem Geschäfte fast Alles, mit Ausnahme von Eßwaaren, kaufen. Von der Ausdehnung des Geschäftes kann man einen Begriff erhalten, wenn man hört, daß in demselben 3000 Personen Beschäftigung finden. Diese Angestellten nehmen ihre Mahlzeiten in vier großen Eßzimmern im Hause selbst ein; zum Amüsement derselben dienen eine große Bibliothek und Bildergallerie, drei schöne Spielzimmer, ein Gymnasium und ein Lesezimmer. Natürlich ist Alles frei für diese Leute. Auch für die Ausbildung der Angestellten trägt das Haus Sorge, indem denselben unentgeltlich Unterricht ertheilt wird in der deutschen und englischen Sprache, Gesang und Musik. Diese Stunden werden regelmäßig jeden Abend nach Schluß des Geschäftes in dem Hause selbst, in besonders für diesen Zweck reservirten Räumlichkeiten abgehalten. Auch für die Bequemlichkeit der Besucher ist nach jeder Richtung hin Sorge getragen; man hat ein schön ausgestattetes Lesezimmer mit Zeitungen und Zeitschriften aus der ganzen Welt, in allen Sprachen, zur Verfügung, und für den Magen ist ein luxuriös eingerichtetes Wirth=

Die Seine mit der Brücke von Arcole (Pont d'Arcole.)
PARIS.

schaftslokal da, in welchem die Besucher ohne irgend welche Fragen unentgeltlich die besten Weine und Liquöre erhalten können.

Die Vergnügungs-Lokale aller Art sind in Paris natürlich sehr zahlreich. Die Ueppigkeit, welche unter dem Kaiserreiche an der Mode war, ist jedoch zum größten Theile geschwunden. Die Bälle im Jardin Bullier, oder den Elysées Montmartre, sind nicht im Entferntesten mit den früher im Jardin Mabille stattgehabten unzüchtigen Vorgängen zu vergleichen. Der „Cancan" wird lange nicht mehr in so lasciver Weise wie ehedem in den erwähnten Lokalen getanzt, und wenn sich hin und wieder doch einmal eine der Schönen vergißt und zu übermüthige Bewegungen macht, so ist flugs einer der vielen Sicherheitswächter da, um ihr den Standpunkt in ziemlich unzweideutiger Art klar zu machen.

XII.

Brüssel.

New York, 25. August.

Brüssel ist ein Paris im Kleinen — wenn man das sagt, so wiederholt man nur, was Jedermann, der beide Städte besucht, ausgesprochen hat. Der Einwohner von Brüssel ist französisch; er kleidet sich, seine Diener, seine Soldaten, nach der neuesten französischen Mode, und modellirt seine Stadt nach der Weltstadt an der Seine. Paris hat (oder hatte) seinen Tuilerien-Palast mit dem prächtigen Tuilerien-Garten — Brüssel seinen Königs-Palast und daran stoßenden Park; Paris hat sein Bois de Boulogne — Brüssel sein Bois de la Chambre; Paris seine Kirche Notre-Dame — Brüssel die St. Gudule Kathedrale; Paris hat sein Quartier Latin, seine prächtigen Boulevards, seine zahllosen Cafés, seine anziehenden Läden mit den hohen Preisen, seine Kolonie von

Fremden und Flüchtlingen aus allen Ländern — und alles dieses reproduzirt Brüssel mit großer Treue, nur in kleinerem Maßstabe. In Brüssel findet man in den Läden genau dieselben Waaren wie in Paris, aber man erstaunt, daß die Preise beinahe um die Hälfte niedriger wie in Paris (dem Fabrikationsort) sind.

Die Parks und Boulevards in Brüssel sind sehr schön und wol gepflegt, und eine Fahrt durch dieselben ist anziehend. Der königliche Palast ist ein interessanter Steinhaufen und sehenswerth. Das Stadthaus (Hotel de Ville) in dem unteren Stadttheil ist über 400 Jahre alt und im gothischen Style erbaut; dasselbe erinnert in einzelnen Theilen unwillkürlich an den Dogenpalast in Venedig. Auf dem Platze vor dem Stadthaus befindet sich ein kostbares Monument, welches dem Andenken der Grafen Egmont und Horn errichtet wurde, die auf derselben Stelle auf Befehl des Herzogs Alba enthauptet wurden. Nicht weit von dem Stadthaus befindet sich auch die sogenannte Mannikin Statue, eine Fontaine, dargestellt durch einen Jüngling in Bronze; man ist übrigens bei dieser Fontaine so weit gegangen, daß man es den Damen nicht verdenken kann, wenn sie verwirrt die Blicke nach einer anderen Richtung wenden. Eine alte Jungfer von Brüssel, welche vor vielen Jahren starb, und der wie es scheint, die Fontaine nicht anständig genug war, hinterließ der Stadt ein Vermächtniß von 20,000 Franken, mit der Bestimmung, daß jedes Jahr an ihrem Todestage der bronzene Jüngling mit einem Kleide, so schön es für die Zinsen des Kapitals aufzutreiben wäre, bekleidet werden solle. Die Stadt soll dieser Bestimmung auf das Gewissenhafteste nachkommen, und wie uns erzählt wurde, wird der Bekleidungs=Tag von der ganzen Brüsseler Bevölkerung als ein Fest gefeiert.

Brüsseler Spitzen sind in der ganzen Welt bekannt und geschätzt, und ließen wir uns in eine bedeutende Fabrik in der

Straße de la Chancellerie, unweit der Kathedrale St. Gudule, führen, um die Fabrikation zu besichtigen. Wir wurden von den Damen des Hauses mit großer Zuvorkommenheit aufgenommen, man führte uns in die verschiedenen Arbeitsstuben und erklärte uns die Herstellung der kostbaren Gewebe. Manche unserer schönen Leserinnen würden wol nicht wenig stolz sein, wenn sie eine wirkliche Brüsseler Spitze ihr eigen nennen könnten; wenn wir aber mittheilen, daß z. B. eine einfache echte Spitzenschleife $25, ein Spitzentaschentuch $55, eine Spitzenshawl von $800 bis 10,000 kostet, je nach der Arbeit und Größe, so geht daraus hervor, daß man schon über einen bedeutenden Geldbeutel verfügen muß, um sich derartige Ausgaben erlauben zu können. —

Das Wiertz Museum, dessen Besuch jedem Fremden zu empfehlen ist, enthält die Werke eines der genialsten und zugleich seltsamsten Künstler, Antoine Wiertz, des Malers mit dem blutigen Pinsel. Wiertz war im Jahre 1806 zu Dinant, einem kleinen belgischen Städtchen, in einer Schneiderwerkstätte geboren. In Noth, Entbehrung und Elend wuchs er auf, was er wurde verdankte er nur seinem Talente und sich selbst. Das Glück begünstigte ihn nicht, keine Hand ebnete seinen dornigen Pfad. Als Mann in seiner Liebe getäuscht, verhöhnt und verrathen von der, welcher er seine unermeßliche Liebe geweiht, der jede Faser seines Seins gehörte, hatte er nicht Kraft genug, einzusehen, daß — sie seiner Liebe unwürdig sei; er zerfiel mit der Welt und sich, und fortan malte er, aber er malte fast nichts weiter, als die vollste Naturwahrheit in ihrer scheußlichsten Gestalt. Niemals kam eine Klage über die Lippen des genialen Mannes, der an der Seite eines liebenden Weibes bestimmt gewesen wäre, mit seinem Pinsel die Welt zu beherrschen; nur ein einziges Mal, kurz vor seinem Tode im Jahre 1865, sagte er einem seiner Schüler, der sich seiner besonderen Gunst erfreute: „Daß sie mich verrathen und zu einem elenden Menschen gemacht, vergebe ich ihr, daß sie aber der Kunst einen feurigen Jünger geraubt hat, das wird ihr die Welt niemals verzeihen."

Man hat Antoine Wiertz bei seinen Lebzeiten Hunderttausende für seine Bilder geboten — sie hätten ihn zum reichen Manne gemacht — aber er verkaufte keins, stellte keins aus. Er malte für Tagelohn Portraits und dergleichen, um leben zu können; als er starb, hinterließ er ein unschätzbares Vermögen in seinen Werken, seine Baarschaft reichte aber kaum hin, seine Begräbnißkosten zu decken. Jetzt hat sein Vaterland und die Welt sie doch erhalten, diese niemals ausgestellten und verkauften Werke. Das Wiertz Museum in Brüssel wird von allen Fremden als eine Sehenswürdigkeit ersten Ranges bewundert, dessen Schöpfer neben seinen Schätzen einst gedarbt, weil er es sich selbst so gelobt. Er war sehr stolz, obgleich kein Adel oder Orden für seine Verdienste ihm verliehen wurde, jetzt ist sein Vaterland, Belgien, um so stolzer auf ihn.

Nahezu 100 Kunstwerke hat Wiertz hinterlassen, aber man kann sagen, daß sich die Haare sträuben beim Beschauen dieser seltsam gräßlichen Ausgeburten einer verbitterten, wilden Künstlerphantasie. Zwei Bilder sind es vor allen, welche der furchtbar getreue, unerbittliche Pinsel Antoine Wiertz's geschaffen hat, und deren gemaltes Elend und haarsträubend Entsetzliches von niederschmetternder Wirkung für den Beschauer sind.

„Die Kindesmörderin!" Was für ein furchtbares Thema, noch furchtbarer die Ausführung durch diesen in Jammer und Verzweiflung getränkten Pinsel! — Da hockt sie, Hunger, Verzweiflung, Wahnsinn, Verbrechen in jedem Blick. O, welche Martern sprechen aus diesem unbeschreiblichen Menschengesicht mit dem starren, gebrochenen Blick! Auf ihren Knieen wiegt sie ein schauerliches Etwas, in ein Tuch gehüllt —— ein Bündel —

— Blut tropft durch — es ist die Leiche des kleinen Kindes, das die Mutter umgebracht! Doch nein, nicht alle Ueberreste ruhen in dem blutigen Bündel. Dort in dem Kessel über dem Heerde, liegen auch etliche Glieder des kleinen Leichnams, abgeschnitten von der tollen, halbverhungerten Mörderin, welche den Rest zärtlich und wie schützend an sich gepreßt hält. Nichts sonst in dem öden Raum als Tod, Elend, Hunger, Wahnwitz; unaussprechliches, fast unfaßliches Elend! Nur einige Fetzen Papier auf dem Fußboden, Auspfändungszettel, sie zeigen, wohin das Wenige gekommen, das sich einst hier im Besitz des armen Weibes befunden haben mag. Ach, das Herz thut Einem weh, das Blut erstarrt zu Eis, bei solchem Anblick, wenn auch nur gemalter Jammer in so wortloser Verzweiflung uns entgegenschreit; nur gemalt, aber mit was für einem Pinsel gemalt! — —

„Die letzten Stunden eines Geköpften!" Wiertz schildert in demselben die Gedanken, welche durch das Hirn eines zum Tode Verurtheilten kurz vor seiner Hinrichtung in fieberhaftem Durcheinander ziehen und zittern. Vergangenheit und Zukunft steigen gleich einer Vision, von Dämonenhand hervorgezaubert, vor ihm auf, vor dem Manne, dessen Thräne die Wimper nicht verlassen kann. Man sieht Funken um ihn blitzen, Dolche sich in seine Brust bohren; Dolche aus unschuldigen Kinderaugen, aus den Augen seiner eigenen lieben, kleinen Kinder, die ihm zulächeln. Er sieht das Schaffott, die um dasselbe sich drängende Menschenmasse, welche zu dem „Schauspiel" herangeströmt ist, um die letzten qualvollen Momente eines Sterbenden mit grausamer Neugier zu überwachen; er sieht sich selbst, seinen eigenen Leichnam, auf dem Secirtische der Wissenschaft; sieht selbst sein Fleisch und Blut, seine Muskeln, unter den Messern und Lupen — — —, dann verliert sich Alles in finsterer, dunkler Nacht, undurchdringlich, endlos! — Fürwahr, es sind Bilder so entsetzlich, daß man sich begierig nach dem Ausgange wendet, um da draußen frische Luft zu athmen, wieder die belebende Sonne zu sehen! — —

Wieder zurück in Antwerpen.

Einige wenige Stunden Fahrt von Brüssel aus, brachten uns zurück nach Antwerpen, von wo wir uns wieder nach unserer Heimath einschiffen wollten. Der überaus freundliche und zuvorkommende Agent der Red Star Linie in Antwerpen, Herr Strasser, von der Firma Von der Becke u. Marsily, hatte unsere Schiffsangelegenheit auf's Beste besorgt, so daß wir uns um Nichts zu kümmern, sondern Zeit genug hatten, uns die Stadt nochmals gründlich bei Tag und Nacht anzusehen. Unter Begleitung des Herrn Buschmann, welcher auf unserer Herreise 1. Offizier der „Rhynland", in der Zwischenzeit aber von der Dampferlinie zum Kapitän der „Zeeland" befördert worden war und der auf die Ankunft der letzteren wartete, um deren Kommando zu übernehmen, machten wir Streifzüge durch die Stadt und ihre nächste Umgebung.

Die großartigen, neuen Docks, welche von der Red Star Linie in Antwerpen gebaut werden und die zum Theil schon fertig waren, erregten unsere Aufmerksamkeit. Diese Docks geben den besten Beweis von dem Aufschwunge, welchen der Seehandel Antwerpen's in kurzer Zeit genommen hat. Die Zahl der Antwerpener Seeschiffe betrug im Jahre

   1830............ 736 Schiffe mit 123,407 Tonnen.
   1850............1435 „ „ 242,603 „
   1860............2578 „ „ 547,457 „
   1870............3977 „ „ 1,335,769 „
   1875............4267 „ „ 2,146,797 „
   1880............4483 „ „ 3,063,825 „

In gleichem Verhältniß ist die Bevölkerung von 50,000 im Jahre 1830 auf 200,000 im Jahre 1880 gestiegen.

Der erste Dampfer der Red Star Linie machte im Jahre 1872 sein Erscheinen, und jetzt, nach 10 Jahren, besteht die Flotte der Kompagnie aus 12 großen Postdampfern von je 3000 bis 5000 Tonnen, und der Verkehr hat so zugenommen, daß augenblicklich noch 2 weitere, noch größere Postdampfer von je 5500 Tonnen, im Bau begriffen sind. Die Schiffe legen direkt am Dock in Antwerpen an und findet kein Umladen der Passagiere oder der Ladung statt. Antwerpen liegt so günstig und hat so vortreffliche Verbindungen durch 4 Eisenbahnen, daß man z. B. in 4 Stunden nach Düsseldorf und den Rheinlanden gelangen kann. Die Auswanderung über Antwerpen ist in Folge dieser günstigen Verhältnisse stetig im Zunehmen begriffen, und von Jahr zu Jahr mehrt sich auch die Anzahl der Reisenden von Amerika, welche bei ihren Besuchen in Europa die Red Star Linie Dampfer vorziehen. Aus eigener Erfahrung können wir mit gutem Gewissen behaupten, daß diese zunehmende Beliebtheit der Red Star Linie in jeder Beziehung wolverdient ist, und daß von den Beamten der Linie Alles aufgeboten wird, um den Passagieren den größtmöglichsten Komfort auf der Seereise zu gewähren und sie in jeglicher Beziehung zufrieden zu stellen.

Landungs-Platz der Red Star Linie und der American Line in Philadelphia.

Anhang,

enthaltend

Winke für Reisende.

Anhang.

ine der ersten Fragen, welche sich der praktische Amerikaner vorlegt, wenn er eine Reise nach Europa beabsichtigt, ist die: „Was sind die Kosten einer solchen Excursion?" Die Beantwortung dieser Frage ist nicht leicht, denn sehr viel kommt darauf an, was der Betreffende für Ansprüche macht und wie lange er seine Reise auszudehnen beabsichtigt. Die geringste Summe für eine Reise von etwa 10 Wochen (die Ocean Reise eingeschlossen), in welcher Zeit man Deutschland, die Schweiz, Wien, Oberitalien, Paris und London bereisen kann, ist $350. — Dies schließt die zweite Kajüte der Seedampfer ein. Natürlich muß man, wenn man sich innerhalb dieser Summe halten will, ein wenig ökonomisch zu Werke gehen und nicht, wie das besonders zu Anfang einer solchen Reise üblich ist, das Geld mit vollen Händen ausgeben.

In Deutschland kann man auf allen Eisenbahnen in der zweiten Klasse fahren; dieselbe ist sogar in vielen Hinsichten der ersten Klasse vorzuziehen. In Deutschland pflegt man zu sagen, daß nur Fürsten, Amerikaner und — Narren in der ersten Klasse fahren. In Betreff der H o t e l s ist zu bemerken, daß man in fast allen nur für Logis bezahlt; der Preis ist verschieden und beträgt von 2 bis 5 Mark (50 Cents bis $1.25) per Tag. Hierzu kommt allerdings noch ein kleiner Betrag für Bedienung und Licht. Die meisten Amerikaner essen selten, oder nie, an der Table d'hote, sondern besuchen irgend eine Restauration, wo man meistentheils sehr gut und viel billiger wie in den Hotels ißt. T r i n k g e l d e r werden überall in Europa gegeben und sind in dieser Hinsicht die Amerikaner sehr beliebt, weil sie gewöhnlich in dieser Beziehung sehr liberal sind; man kann aber, ohne geizig zu sein, bei einer solchen Reise viel sparen, wenn man die Trinkgelder nicht nach amerikanischem, sondern europäischem Maßstabe abmißt.

Kein Reisender sollte mehr wie höchstens $5.00 per Tag in Europa ausgeben, und kann man mit diesem Betrage, wenn man nicht extravagant ist, sehr gut auskommen, kann alle Sehenswürdigkeiten besuchen und braucht sich Nichts abgehen zu lassen. Natürlich ist es sehr leicht, das Doppelte auszugeben, wenn man nicht Acht giebt, und wird sich schließlich der Betreffende verwundert fragen, wo denn eigentlich das Geld geblieben ist. Derjenige, welcher $500 oder $1000 ausgeben will und kann, wird finden, daß es nirgends leichter gemacht wird, wie in Europa.

Der Reisende thut am Besten, wenn er seine Gelder in der Form eines K r e d i t b r i e f e s mit sich trägt; auf solche kann man in jeder größeren Stadt, und auch in vielen kleineren, Geld erheben, und zwar so viel, wie man gerade braucht. Auf diese Weise entgeht man Verlusten durch Diebstahl oder Verlieren.

Kreditbriefe kann man in jeder größeren Bank und bei fast alle deutschen Banquiers und Passage=Agenten erhalten; der Betrag, welcher für das Ausstellen berechnet wird, ist gewöhnlich nur 1 pCt. Wer keinen Kreditbrief erhalten kann, thut am Besten, amerikanisches Gold mitzunehmen, da das letztere überall in Europa zu sehr günstigen Kursen in die betreffende Landesmünze umgewechselt werden kann.

Bei einer Reise nach Europa ist es zweckmäßig, so wenig wie möglich G e p ä c k mitzunehmen, denn erstens hat der Reisende, welcher mehrere Koffer bei sich hat, viele Scherereien, mit Ausgaben verknüpft, und dann auch kostet die Ueberfracht auf allen europäischen Bahnen sehr viel. Auf den meisten der letzteren hat man nur 50 Pfund Gepäck frei, für jedes Pfund mehr muß gehörig bezahlt werden. Es ist aber auch gar nicht nothwendig, viele Anzüge u. s. w. mit herumzuschleppen. Für Herren genügt ein solider Reiseanzug, den man jeden Tag trägt und ein anderer als Reserve. Für die Seereise sollte man einen alten, aber warmen Anzug mitnehmen, den man bei der Ankunft im Hafen in der Office der Dampfergesellschaft läßt und bei der Rückreise abholt und wieder auf dem Schiffe trägt. An Wäsche ist es übergenug, wenn man soviel wie man für 3 Wochen braucht, mitnimmt. Man kann die Wäsche in jedem größeren Hotel in Europa in einem Tage gewaschen erhalten. Ein warmer Shawl und eine warme, festsitzende Kappe für die Seereise, sowie ein nicht zu schwerer Ueberzieher für die Reisen auf dem Kontinent, sind nothwendig. Seife wird in keinem europäischen Hotel, außer gegen Bezahlung, geliefert, und sollte deshalb sich Jeder damit und anderen nothwendigen Toilette=Gegenständen versehen. Alle diese Sachen können ganz bequem in einem sogen. Valise untergebracht werden. Für reisende Damen, von denen viele glauben, daß sie nicht ohne mehrere Riesen=„Saratogas" fertig werden können, werden die vorstehenden Bemerkungen ebenfalls von Nutzen sein.

Bei der **Landung** in europäischen Häfen findet eine Untersuchung des Gepäckes nach zollpflichtigen Gegenständen statt; diese Untersuchungen werden sehr oberflächlich gemacht und sehr selten findet sich der Reisende Unannehmlichkeiten ausgesetzt. Meistens wird nur nach Cigarren, Taback und Spirituosen, in größeren Quantitäten, gefahndet, alles Andere wird gewöhnlich übersehen.

Reisepässe werden in Deutschland, Oesterreich, Italien, Frankreich und England nicht gebraucht, aber in vielen Fällen ist es dennoch nützlich, ein solches Dokument bei sich zu haben. Man kann z. B. durch Vorzeigung eines Passes in vielen Museen und Instituten leichter Zutritt erhalten, wie ohne Paß, dann auch erhält man Briefe und Gelder rascher, wenn man sich durch einen Paß legitimiren kann. Und da man vom Staats-Departement in Washington gegen Einsendung von $5.00 einen Paß erhalten kann, so sollte Niemand die kleine Ausgabe scheuen. Jeder Notar ist im Stande, die nothwendigen Papiere zur Erlangung eines Passes anzufertigen.

Das **Leben an Bord** des Schiffes ist anfänglich ungewohnt, aber im Ganzen weicht es doch wenig von dem Alltäglichen ab. Wie schon bemerkt, ist es nothwendig, sich für die Seereise mit einem warmen Anzuge, selbst im Sommer, zu versehen, denn es ist immer kühl auf der See. Auch sollte man bei der Abreise am Dock einen Dampferstuhl kaufen und, mit seinem Namen bezeichnet, auf das Schiff senden; diese Stühle sind sehr bequem und kann man dieselben bei der Ankunft im Hafen ebenfalls der Dampfergesellschaft zum Aufbewahren bis zur Rückreise übergeben. Auf hoher See wird von den Passagieren Alles, was die Einförmigkeit unterbricht, mit Freude begrüßt. Ein von

Weitem paſſirendes Schiff bringt alle Reiſenden auf Deck; eine Heerde Schweinefiſche, oder ein Wallfiſch, erregen allgemeine Aufmerkſamkeit; ein Vogel, der das Schiff umfliegt, oder ſich auf die Raaen ſetzt, wird ſtaunend von allen Seiten bewundert. Auf jedem Dampfer befinden ſich Rauch- und Spielzimmer für Herren, ſowie Damen-Parlors, welche bei günſtigem Wetter immer beſetzt ſind. Ebenſo hat jeder Dampfer ein Piano im großen Salon, und da ſich faſt bei jeder Reiſe Muſikfreunde an Bord befinden, wird manche Stunde am Tage und beinahe jeder Abend durch muſikaliſche Vorträge verkürzt. Für Diejenigen, welche gern leſen, iſt auf allen Dampfern durch eine meiſtens gut gewählte Bücherſammlung in verſchiedenen Sprachen geſorgt. Der erſte Steward leiht die Bücher auf Verlangen unentgeldlich aus.

Die Seekrankheit, vor der ſich ſo Viele fürchten, iſt lange nicht ſo ſchlimm, wie ſie gemacht wird. Bei den meiſten Paſſagieren dauert ſie nur einen Tag, und der beſte Rath, welcher ertheilt werden kann, iſt der, den Leib warm zu halten und nicht gleich bei den erſten Anzeichen des Uebelbefindens in ſeine Kajüte zu ſchleichen und ſich hinzulegen. Man bleibe in der friſchen Luft und verſuche kräftig gegen das Uebelſein anzukämpfen; ſtarker Wille hilft in den meiſten Fällen. Wenn ſich die Verdauungs-Organe erſt an das Schwanken des Schiffes gewöhnt haben, ſo iſt die Seekrankheit überſtanden. Von allen den vielen Heilmitteln, welche gegen die Seekrankheit empfohlen werden, hat ſich noch keins bewährt. Friſche Luft, Bewegung auf Deck und feſter Wille helfen. Die Seekrankheit iſt im Uebrigen völlig harmlos, ja es wird ſogar von den bedeutendſten Autoritäten behauptet, daß ſie dem Körper ſehr zuträglich iſt, weil ſie den letzteren von allen angeſammelten Unreinlichkeiten befreit. Es giebt Viele, welche ſich aus dieſem Grunde der Seekrankheit mit Gewalt ausſetzen.

Die Seereise bringt dem Körper Erholung, ja man kann es eine wahre Regeneration nennen. Das völlige Getrenntsein von Geschäften, die Seeluft, die Veränderung der Kost, die stetige Umgebung heiterer Menschen, (denn gewöhnlich reisen keine anderen als solche), alles dieses wirkt wolthätig auf den Geist und Körper. Jeder, der die Seereise gemacht hat, ist hiervon ein Beispiel und meistens hat sich der Zurückgekehrte so zu seinem Vortheile verändert, daß man ihn kaum wiedererkennt.

Bei den Reisen in Europa sind die sogen. **Rundreise-Billete** auf den Eisenbahnen als äußerst billig und bequem zu empfehlen. Man kann solche in allen größeren Plätzen erhalten, und werden auf späteren Seiten die hauptsächlichsten Rundreise-Touren angegeben werden. Diese Rundreise-Billete sind meistens 30 Tage gültig, und hat der Reisende das Recht, auf irgend einer beliebigen Station auszusteigen, sich daselbst einen oder mehrere Tage aufzuhalten und dann die Reise weiter fortzusetzen. Die Billete lauten von einem bestimmten Platze nach dem Ziel und zurück über einen verschiedenen Weg nach dem Anfangspunkte. Zum Beispiel eine Rundreise von Berlin nach Wien geht auf der Hinreise über München nach Wien, zurück von Wien über Prag und Dresden nach Berlin. Die Preise für Rundreise-Billete sind bedeutend billiger wie die regelmäßigen Fahrpreise, und dadurch wird dem Reisenden Gelegenheit gegeben, wenn er z. B. das Retour-Billet nicht benutzen kann, oder will, dasselbe mit Vortheil zu verkaufen. Die Portiers in allen Hotels übernehmen gegen eine kleine Vergütung gern den Verkauf solcher nicht gebrauchten Retour-Billete.

Beim Antreten einer Rundreise, das heißt, wenn man wieder an den Abfahrtsplatz zurück will, lasse man alles unbequeme Gepäck zurück und nehme nur die nöthigste Wäsche, ein Feldglas und ein Eisenbahn-Koursbuch mit. Von den letzteren ist als das praktischst eingerichtete Hendschel's Telegraph zu empfehlen. Derselbe erscheint jeden Monat und ist in allen Fällen höchst zuverlässig; die Entfernungen, Eisenbahn-Verbindungen, Abfahrten und Preise sind übersichtlich und genau angegeben, so daß man sich darauf verlassen kann. In jeder deutschen Buchhandlung und in den meisten Hotels, sowie auf den deutschen Bahnhöfen ist Hendschel's Telegraph zu haben.

Entfernungen.

(In amerikanischen Meilen.)

New York	nach	Sandy Hook	18	Meilen
„	„	Fire Island	35	„
„	„	New Foundland Banks	980	„
„	„	Cap Race	1010	„
„	„	Lizard Point (England)	2970	„
„	„	Plymouth (do.)	2980	„
„	„	Liverpool	3070	„
„	„	London	3234	„
„	„	Glasgow	3193	„
„	„	Antwerpen	3352	„
„	„	Hamburg	3493	„
Berlin	„	St. Petersburg	1028	„
„	„	Dresden	116	„
„	„	Hamburg	178	„

Dresden	nach	Wien	322 Meilen.
Wien	„	München	268 „
München	„	Verona	274 „
Köln	„	Basel	356 „
Venedig	„	Turin	259 „
Turin	„	Rom	488 „
Rom	„	Neapel	163 „
Antwerpen	„	Basel	415 „
„	„	Berlin	508 „
„	„	Brüssel	28 „
„	„	Cassel	300 „
„	„	Cöln	144 „
„	„	Coblenz	200 „
„	„	Crefeld	130 „
„	„	Dresden	520 „
„	„	Elberfeld	175 „
„	„	Frankfurt a. M.	282 „
„	„	Leipzig	682 „
„	„	Mainz	260 „
„	„	München	570 „
„	„	Nürnberg	430 „
„	„	Paris	220 „
„	„	Stuttgart	390 „
„	„	Würzburg	332 „
„	„	Zürich	472 „

Zeitunterschied.

Wenn es in New York 12 Uhr Mittags ist, ist es in

London	4 Uhr	56 Minuten	Nachmittags	
Cöln	5 „	23	„	„
Hamburg	5 „	36	„	„
Wien	6 „	01	„	„
Paris	5 „	05	„	„
Neapel	5 „	35	„	„
Berlin	5 „	50	„	„
Cincinnati	11 „	20	„	Vormittags
Chicago	11 „	03	„	
St. Louis	10 „	35	„	

Münzen.

a) Deutschland.

1 Pfennig	(Kupfer)	=	$\frac{1}{4}$ Cent amerikanisch.	
2 „	„	=	$\frac{1}{2}$	„ „
5 „	„	=	$1\frac{1}{4}$	„ „
10 „	(Nickel)	=	$2\frac{1}{2}$	„ „
20 „	(Silber)	=	5	„ „
50 „	„	=	12	„ „
1 Mark	„	=	24	„ „
5 „	„	=	$1.18 Cts.	„
10 „	(Gold)	=	$2.35	„ „
20 „	„	=	$4.70	„ „

b) England.

1 Penny (d)	(Kupfer)	=	2 Cents amerikanisch.	
4 „	(Silber)	=	8 „	„
6 „	„	=	12 „	„
1 Shilling	„	=	24 „	„
2¼ „ (½ Crown)	„	=	60 „	„
1 Crown (5 Shilling)	„	=	$1.20 Cts.	„
10 Shilling	(Gold)	=	$2.42 „	„
1 Pfund Sterling (20 Shilling)		=	$4.83 „	„

c) Frankreich.

1 Centime	(Kupfer)	=	⅕ Cents amerikanisch.	
2 „	„	=	½ „	„
5 „ (1 Sous)	„	=	1 „	„
10 „	„	=	2 „	„
20 „	(Silber)	=	4 „	„
50 „	„	=	10 „	„
1 Franc (100 Centimes)	„	=	19 „	„
5 „	„	=	95 „	„
10 „	(Gold)	=	$1.93 Cts.	„
20 „ (1 Napoleond'or)	„	=	$3.85 „	„

d) Schweiz.

Dieselben Münzen wie in Frankreich.

e) Italien.

Dieselben Münzen wie in Frankreich, nur heißt der Franc „Lire", und ist derselbe eingetheilt in 100 Centesimi; 5 Centesimi heißen 1 Soldi.

f) Belgien.

Dieselben Münzen wie in Frankreich.

---

g) Oesterreich.

1 Kreuzer	(Kupfer)	= ½ Cents amerikanisch.	
5 ,,	,,	= 2½ ,,	,,
10 ,,	,,	= 5 ,,	,,
20 ,,	,,	= 10 ,,	,,
½ Gulden	(Silber)	= 24 ,,	,,
1 ,,	,,	= 49 ,,	,,
5 ,,	,,	= $2.40 Cts.	,,
10 ,,	(Gold)	= $4.85 ,,	,,

---

h) Holland.

5 Centimes	(Kupfer)	= 2 Cents amerikanisch.	
25 ,,	(Silber)	= 8 ,,	,,
¼ Guilder	,,	= 9 ,,	,,
1 ,,	,,	= 38 ,,	,,
2½ ,,	,,	= 96 ,,	,,

Ein Amerikanischer Dollar ist gleich:

4 Mark 20 Pfennige (Deutschland),
2 Gulden 7 Kreuzer (Oesterreich),
5 Francs 31 Cent. (Frankreich, Italien und Schweiz),
4 Shilling 1½ Pence (England),
3 Kroner 71 Oeres (Dänemark, Schweden und Norwegen),
1 Rubel 33 Kopeken (Rußland),
5 Pesetas 18 Centimos (Spanien).

In Deutschland gelten ausländische Münzen wie folgt:

1 Franc (100 Cent.) Frankreich, Belgien und Schweiz.................. = 80 Pfennige.
1 Kroner (100 Oere) Dänemark, Schweden und Norwegen .... = 1 Mark 12 Pf.
1 Drachma (100 Septa) Griechenland....... = 80 Pfennige.
1 Pfd. Sterling (20 Shilling) England..... = 20 Mark.
1 Lira (100 Centesimi) Italien......... ..... = 80 Pfennige.
1 Guilder (100 Cents.) Holland............... = 1 Mark 70 Pf.
1 Gulden (100 Kreuzer) Oesterreich.......... = 1 Mark 70 Pf.
1 Milreis (1000 Reis) Portugal............. = 4 Mark 47 Pf.
1 Rubel Silber (100 Kopeken) Rußland .... = 3 Mark 22 Pf.
1 Peseta (100 Centimos) Spanien .... = 86 Pfennige.
1 Dollar (100 Cents) Ver. Staaten .... = 4 Mark 20 Pf.

Maaße und Gewichte.

1 Amerik. Gallone = 3½ Liter (Deutschland und Frankreich), = 2⅔ Maaß (Oesterreich).
1 Liter = 1 1/20 amerik. Quart.
1 Hektoliter = 26½ Gallons = 2¾ Bushel.
1 Bushel = 35¼ Liter.
1 Amerik. Pfund = 9/10 deutsche Pfund = 453 Gramm, deutsch.
1 Deutsches Pfund = 1⅛ amerikanisches Pfund.
1 Oesterreichisches Pfund = 1¼ amerikanisches Pfund.
1 Deutsche Elle = 2 englische Fuß.
1 Amerikanische Yard = 9/10 deutsche Meter (genau 0,914).
1 Deutscher Meter (jetziges Ellenmaaß) = 1 1/10 amerik. Yard = 3 37/100 Fuß.
15 Deutsche Gramm = ½ amerik. Unze.
10 Kilogramm = 22 Pfund amerik. Pfund.

Längenmaaße.

1 englische oder amerikanische Meile = 1½ Kilometer (genau 1,6093) = ²²/₁₀₀ deutsche Meilen.
1 deutsche geographische Meile = 4 ⁶/₁₀ englische Meilen (genau 4,681.
1 Breitengrad = 60 Seemeilen.
„ = 69 ⅛ englische Meilen.
„ = 15 deutsche Meilen.
1 Faden (Fathom) Schiffsmaaß = 6 Fuß.

Amerikanische Zölle.

Bronze-Artikel, Bronze Uhren .... 35 pCt. vom Werthe.
Bücher und Drucksachen .... 25 „ „ „
Cigarren $2.50 per Pfund und .... 25 „ „ „
Diamanten, gefaßte .... 25 „ „ „
„ ungefaßte .... 10 „ „ „
Gemälde .... 10 „ „ „
„ (gemalt von Amerikanern) .... frei.
Glaswaaren .... 40 „ „ „
Gold- und Silberwaaren .... 40 „ „ „
Handschuhe (Glacé) .... 50 „ „ „
Haushaltungssachen (Möbel ꝛc.) .... 35 „ „ „
„ gebrauchte .... frei.
Juwelen jeder Art .... 25 „ „ „

Korallen	30	pCt. vom Werthe.
Lederartikel	35	,, ,, ,,
Leinenwaaren	35	,, ,, ,,
Liqueure	82	per Gallone.
Meerschaumwaaren	75	pCt. vom Werthe.
Musikalische Instrumente	30	,, ,, ,,
Photographien	25	,, ,, ,,
Pistolen und Gewehre	35	,, ,, ,,
Porzellan, einfach	45	,, ,, ,,
,, vergoldet	50	,, ,, ,,
Rauch-Utensilien jeder Art	75	,, ,, ,,
Regenschirme	60	,, ,, ,,
Sammet (Seiden)	60	,, ,, ,,
,, (Baumwolle)	35	,, ,, ,,
Seidenzeuge	60	,, ,, ,,
Spitzen (Seide und Baumwolle)	60	,, ,, ,,
Stahlstiche	25	,, ,, ,,
Stahlwaaren, für Tisch	35	,, ,, ,,
,, für Tasche	50	,, ,, ,,
Tabackdosen	35	,, ,, ,,
Tabackpfeifen	75	,, ,, ,,
Thiere, lebende	20	,, ,, ,,
Tuchwaaren, wollene, 50 Cts. per Pfd. und	40	,, ,, ,,
,, seidene	60	,, ,, ,,
,, leinene	40	,, ,, ,,
,, baumwollene	35	,, ,, ,,
Uhren	25	,, ,, ,,
Weine	40	Cents per Gallone.

Das Reisegepäck der Kajüten-Passagiere wird am Landungsplatze der Dampfer in New York, das der Zwischendecks-Passagiere in Castle-Garten untersucht. Während der Fahrt des Dampfers von der Quarantaine den Hafen entlang, kommen Zollbeamte an Bord, bei welchen die Kajüten-Passagiere auf einem selbst zu unterschreibenden Formular anzugeben haben, ob und welche zollpflichtige Gegenstände sie bei sich haben. Sobald der Dampfer gelandet, wird das Gepäck der Reisenden an den Dock gebracht und daselbst von den Zollbeamten untersucht. Wenn der Inhalt des Koffers mit dem unterzeichneten Affidavit stimmt und nichts Verzollbares gefunden wird, so kann der Passagier sich entfernen, andernfalls erst nach Berechnung und Zahlung des Zolles.

Dem Zoll nicht unterworfene Artikel sind, nach dem Wortlaute des Gesetzes:

1. Kleidungsstücke und alle anderen persönlichen Effekten, welche bereits von dem Betreffenden gebraucht wurden

2. Alle anderen Effekten (keine Waaren), welche von Reisenden mitgeführt werden, als Toilette-Artikel, Bücher, eine Uhr, Juwelen und Schmuckartikel für eigenen Gebrauch, in einem Quantum, welches den gewöhnlichen Gebrauch nicht übersteigt.

3. Werkzeuge und Instrumente, wissenschaftliche Bücher, Garderoben für Schauspieler und Aehnliches, welches für den eigenen persönlichen Gebrauch des Betreffenden bestimmt ist.

Alle anderen Artikel, speziell neue Kleider und Wäsche über den nothwendigen Bedarf, extra Uhren, Schmucksachen, ferner alle mitgebrachten Geschenke und für andere Personen gekaufte oder mitgenommene Sachen, sind dem Zoll unterworfen.

Die Unterschiede der Thermometer, welche jetzt im Gebrauch sind.

	Fahrenheit (Amerika)	Réaumur (Deutschland)	Celsius (Frankreich)
Siedepunkt	212	80	100
	200	74,66	93,33
	190	70,22	87,77
	180	65,77	82,22
	170	61,33	76,66
	160	56,88	71,11
	150	52,33	65,55
	140	48	60
	130	43,55	55,55
	120	39,11	48,88
	110	34,66	43,33
	100	30,22	37,77
	90	25,77	32,22
	80	21,33	26,66
	70	16,88	21,11
	60	12,44	15,55
	50	8	10
	40	3,35	4,44
Gefrierpunkt	32	0	0
	20	5,33	6,66
	10	9,77	12,22
	0	14,22	17,77
	10	18,66	23,33
	20	23,11	28,88
	30	27,55	34,44

Hotels in Europa.

Aachen	Hotel Bellevue.
Aarau	„ Goldene Löwe.
Amsterdam	„ Des Pays Bas.
Antwerpen	„ St. Antoine—Du Grand Laboureur.
Augsburg	„ Bayerischer Hof.
Baden-Baden	„ Villa de Baden.
Basel	„ Schweizerhof.
Berchtesgaden	„ 4 Jahreszeiten.
Berlin	„ Kaiserhof — De Rome — Töpfer — Bauer — Margraf — Central.
Bern	„ Bernerhof.
Bingen	„ Bellevue.
Bonn	„ Royal.
Bordeaux	„ De Nantes.
Bremen	„ Europäischer Hof — Stadt Frankfurt.
Brüssel	„ Hotel Bellevue — De Hollande.
Calais	„ Meurice.
Cannstadt	„ Herman.
Carlsruhe	„ Erbprinz — Germania.
Cassel	„ Kronprinz von Preußen — König von Preußen — Du Nord.
Carlsruhe	„ Royal — Goldene Adler.
Cherbourg	„ De l'Aigle.
Constanz	„ Hecht.
Cöln	„ Disch — Du Dome — Berghof.
Coblenz	„ Bellevue.
Copenhagen	„ King of Denmark.
Creuznach	„ De Hollande.
Darmstadt	„ Hotel Darmstadt.

Dortmund	Hotel	Römischer Kaiser.
Dover	,,	Harp.
Dresden	,,	Union — Victoria.
Düsseldorf	,,	Breitenbacher Hof.
Dürkheim (Pfalz)	,,	Häusling.
Eisenach	,,	Großherzog v. Sachsen — Halbmond.
Ems	,,	Darmstädter Hof.
Florenz	,,	Washington — De la Paix.
Frankfurt a. M.	,,	Schwan — Union.
Freiburg (Baden)	,,	Rheinischer Hof.
Genf	,,	d'Angleterre — Beau Rivage.
Genua	,,	Isotta — d'Italie.
Glarus	,,	Glarnerhof
Görlitz	,,	Rheinischer Hof.
Hamburg	,,	Streits — de l'Europe — Zingg's — Waterloo — Bahnhofs.
Hannover	,,	Union — Stadt Hamburg.
Harzburg	,,	Braunschweig.
Havre	,,	De Normandie.
Heidelberg	,,	Grand Hotel — Schrieder
Heilbronn	,,	Eisenbahn — Rosa.
Homburg	,,	Russischer Hof — 4 Jahreszeiten.
Innsbruck	,,	Gold — Sonne.
Interlaken	,,	Des Alps — Ritschard.
Iserlohn	,,	Du Rhin.
Jena	,,	Schwarzer Bär.
Kaiserslautern	,,	Schwan.
Kissingen	,,	Victoria.
Landau	,,	Pfälzer Hof — Schwan.
Liverpool	,,	Washington.
Lausanne	,,	Du Faucon — Riche Mont.

Lorrach	Hotel	Hirsch.
Lauterbrunnen	„	Staubbach.
Leipzig	„	De Prusse — Hauff — De Russie.
London	„	Grand Midland — Queens, — St. James — Morley's — Bristol — De Keyser's Royal.
Luzern	„	Schweizerhof.
Lugano	„	Washington.
Luxemburg	„	De Louxembourg
Lyons	„	d'Angleterre.
Marseilles	„	De Marseilles.
Mainz	„	Du Rhin — Holland.
Marburg	„	Ritter.
Metz	„	Saxe — Metz.
Mannheim	„	Pfälzer Hof.
Mailand	„	Grand Bretagne.
Minden (Westfalen)	„	Victoria.
Mülhausen (Elsaß)	„	Rothe Löwe.
München	„	Victoria — Goldene Lamm — de Baviere — 4 Jahreszeiten
Münster	„	König von England — Moorman.
Neapel	„	De Rome — des Etrangers — Villa Postiglione.
Neuchatel	„	Du Faucon.
Nizza	„	Du Louvre — Cosmopolitan.
Nürnberg	„	De l'Autriche — Bayrischer Hof.
Offenburg	„	Fortuna.
Oberlahnstein	„	Lahneck — Weller.
Oldenburg	„	Erbgroßherzog.
Osnabrück	„	Düttlings.
Ostende	„	De la Couronne.

Padua	Hotel Fanti.
Palermo	„ d'Italie.
Paris	„ Continental — du Louvre — Violet — Splendide — Grand — Bedford.
Plymouth	„ Duke Cornwall — Royal.
Pompeji	„ Diomede.
Prag	„ De Saxe — d'Angleterre.
Paderborn	„ Beutler.
Pforzheim	„ Becker.
Preßburg	„ Schwan.
Rigi-Kulm	„ Schreiber.
Rom	„ Continental — Constanze — d'Amerique — Minerva.
Rotterdam	„ Victoria
Regensburg	„ 3 Helme.
Reutlingen	„ Kronprinz.
Salzburg	„ Erzherzog Karl.
Schaffhausen	„ Krone.
Solothurn	„ Krone.
Speyer	„ Rhein Hof.
Straßburg	„ d'Angleterre — Stadt Paris.
Stuttgart	„ Marquardt — Royal — Textor.
Stettin	„ De Prusse.
Stralsund	„ Goldene Löwe.
Schwerin	„ Stern.
Sonneberg	„ Krug.
Trient	„ Tranto.
Trier	„ de la Ville.
Tegernsee	„ Post.
Toeplitz	„ Stadt London.
Tübingen	„ Post.

Turin	Hotel Kraft — Feder — de la Ligurie.
Ulm	„ Bahnhof.
Venedig	„ Bauer — d'Angleterre — Victoria — de l'Europe.
Verona	„ Deux Tours.
Versailles	„ Vatel — des Reservoirs.
Weimar	„ Russischer Hof.
Wetzlar	„ Solmser Hof.
Wien	„ Holler — Imperial — National — Erzherzog Karl — Union.
Wiesbaden	„ Victoria — 4 Jahreszeiten — du Rhin.
Worms	„ de l'Europe.
Würzburg	„ Schwarzer Adler — de Russie.
Winterthur	„ Weißer Mann.
Zug	„ Hirsch.
Zürich	„ Bauer au lac — Hecht — National — Zürich.

Angabe populärer Feste in Europa, welche regelmäßig stattfinden:

Januar.

1. Leipzig, Anfang der Messe.
8. Brüssel, Fest von St. Gudule.
17. Padua, „ „ St. Anton.
21. Einsiedeln „ „ St. Meinrad.

Februar.

1. Rom, Illumination der unterirdischen Kirche von St. Clements.
10. Liége, Musikfest.

März.

Antwerpen, Karneval jedesmal drei Tage vor Aschermittwoch dauernd.

Cöln, ebenso.

München, der „Metzgersprung" findet am Montag vor dem Aschermittwoch statt.

Rom, der Karneval beginnt eine Woche vor dem Aschermittwoch.

April.

Leipzig, die große Messe beginnt am zweiten Sonntag nach Ostern, und dauert 3 Wochen.

Wien, die große Prozession des Hofes findet im kaiserlichen Schloß am Abend vor Ostern statt.

Rom, am Ostersonntag wird der Pabst in den St. Peter's Dom getragen, wo er Messe celebrirt; Abends große Illumination dieser Kirche.

Mai.

Neapel, am ersten Sonntag das Wunder des heiligen Januarius.

1. Wien, großes Volksfest im Augarten.

Juni.

Das niederrheinische jährliche Musikfest wird in Aachen, Cöln, Düsseldorf, oder Elberfeld, in der zweiten Woche abgehalten.

13. Florenz, großes Fest zu Ehren von St. Johannes, m' Pferderennen u. s. w.

München, am Donnerstag nach Trinitat „Frohnleichnams-Fest," mit Prozession der verschiedenen Gewerke.

Reutlingen, am Pfingstmontag großer Bauerntanz und Illumination der Nebelhöhle, nahe Lichtenstein.

Antwerpen, Kirmeß in der letzten Woche.

Juli.

8. Sempach, (Schweiz), Gedenkfeier an die Schlacht und den Sieg bei Sempach.
22. Rigi, National Wettkämpfe.
26. Brüssel, Kirmeß.

August.

15. Antwerpen, Kirmeß und Prozession des Riesen in Ruben's Wagen.
20. Pest, Fest des heil. Stephan von Ungarr
26. Basel, Erinnerungsfeier an die Schlacht von St. Jacques (26. August 1414).

September.

17. Münster (in Westfalen), Fest des heil. Lambert.
28. Cannstadt, (bei Stuttgart), großes Volksfest.
29. Leipzig, Beginn der Michaelis-Messe.

Oktober.

München, am ersten Sonntag großes Volksfest.
Wien, am dritten Sonntag Kaiser Joseph Kirmeß.

November.

2. Paris, Allerheiligen. Große Menschenmassen besuchen die Kirchhöfe, besonders den Père-la-chaise.

Dezember.

24. Neapel, großartige Christfeier Abends in jeder Kirche.
25. Rom, am Christfeste Messe, celebrirt vom Pabst in der St. Peters Kirche
26. Rom, Volksfest in der St. Stefan Rotunda.
31. Rom, Te Deum, in Anwesenheit des Pabstes und aller Kardinäle.

Die beliebtesten Rundreise-Touren.

Wie schon bemerkt, kann man in allen größeren Städten Europa's sogenannte Rundreise-Billete an den Bahnhöfen kaufen; man braucht nur die Richtung und das Endziel anzugeben, wohin man fahren will, und ist dann sicher, ein höchst praktisch eingerichtetes Reisebillet zu erhalten. Die nachstehenden „Touren" geben dem Reisenden eine ungefähre Idee.

1. **Paris** nach Nancy, Avricourt, Straßburg, Ludwigshafen, Kehl, Baden-Baden, Karlsruhe, Heidelberg, Mannheim, Darmstadt, Frankfurt, Mainz, Wiesbaden, Rüdesheim, Ems, Coblenz, Kapellen, Bonn, Köln, Aachen, Lüttich, Namour, Charleroi, Brüssel, Valenciennes zurück nach Paris 2. Klasse 140 Franks ($28.00).

2. **Paris** nach Belfort, Basel, Luzern, Zug, Zürich, Rapperswill, Wessen, Glarus, Wadesswill, Ziegelbruck, Chur über See nach Rorschach, Constanz, Singen, Schaffhausen, Basel, Mühlheim, Freiburg, Offenburg, Baden-Baden, Straßburg zurück nach Paris, 1. Klasse 176 Frcs, 2. Klasse 133 Frcs.

3. **Berlin**, Leipzig, Reichenbach, Eger, Regensburg, München, Regensburg, Fürth, Pilsen, Prag, Dresden, Berlin, 2. Klasse 72 Mark 9 Pf., 3. Klasse 49 Mark 40 Pf.

4. **Nürnberg**, Regensburg, Passau, (Passau bis Wien per Dampfboot) Wien, Budweis, Pilsen, Marienbad, Eger, Weiden, Nürnberg, 2. Klasse 55 Mark 75 Pf., 3. Klasse 37 M. 50 Pf.

5. **Leipzig**, Altenburg, Reichenbach, Franzensbad, Eger, Marienbad, Pilsen, Budweis, Wien, Kolin, Jungbunzlau, Bodenbach, Schandau, Königstein, Dresden, Leipzig, 2. Klasse 69 Mark 60 Pf., 3. Klasse 41 Mark 90 Pf.

6. **Hamburg**, Berlin, Dresden, Königstein, Schandau, Aussig, Leitmeritz, Prag, Wien, Linz, Salzburg, München, Nürn-

berg, Bamberg, Hof, Leipzig, Berlin, Hamburg, 2. Klasse 138 Mark, 3. Klasse 95 Mark 6 Pf.

7. Hannover, Northeim, Nordhausen, Sonderhausen, Erfurt, Gotha, Eisenach, Gerstungen, Bebra, Cassel, Göttingen, Hannover, 2. Klasse 25 Mark 5 Pf., 3. Klasse 17 Mark.

8. Berlin, Halle, Nordhausen, Cassel, Eisenach, Bebra, Hanau nach Frankfurt a. M., von dort entweder über Mainz, Bingen, oder über Wiesbaden, Oberlahnstein nach Coblenz und Köln, von dort entweder über Hannover, Lehrte nach Berlin, oder über Kreiensen, Magdeburg zurück nach Berlin, 2. Klasse 67 Mark 2 Pf., 3. Klasse 45 Mark.

9. Berlin, Magdeburg, Lehrte, Kassel, Frankfurt a. M., von da über Mainz, Straßburg i. E., oder Heidelberg, Karlsruhe nach Basel, von dort nach Frankfurt a. M., Eisenach, Halle, Berlin, 2. Klasse 89 Mark 20 Pf., 3. Klasse 66 Mark 30 Pf.

10. Hannover, Cassel, Marburg, Frankfurt a. M., Darmstadt, Heidelberg, Mannheim, Ludwigshafen, Worms, Mainz, Bingen, Kapellen, Coblenz, Remagen, Rolandseck, Godesberg, Bonn, Köln, Neuß, Düsseldorf, Elberfeld, Paderborn, Altenbecken, Pyrmont, Hameln, Hannover, 2. Klasse 59 Mark 10 Pf., 3. Klasse 41 Mark 30 Pf.

11. Hamburg, Bremen, Münster, Köln, Mainz, Ludwigshafen, Mannheim, Heidelberg, Frankfurt a. M., Cassel, Hamburg, 2. Klasse 72 Mark 20 Pf., 3. Klasse 50 Mark 60 Pf. Dieselbe Tour ab Bremen, 2. Klasse 62 Mark 70 Pf., 3. Klasse 43 Mark 90 Pf.

12. Frankfurt, Cassel, Hannover, Hamburg, Bremen, Osnabrück, Münster, Altenessen, Düsseldorf, Deutz, Cöln, Coblenz, Bingen, Mainz, oder Oberlahnstein, Wiesbaden, Frankfurt, 2. Klasse 63 Mark, 3. Klasse 44 Mark 20 Pf.

13. Wien, Linz, Salzburg, Rosenheim, Innsbruck, Franzensfeste, Trient, Verona, Padua, Venedig, Udine, Cormons, Triest, Laibach, Marburg, Graz, Wien, 2. Klasse 86 Mark 20 Pf., 3. Klasse 50 Mark 75 Pf.

14. Karlsruhe, Stuttgart, Ulm, Augsburg, München, Kufstein, Innsbruck, Bozen, Verona, Mailand, Turin, Genua, Bologna, Florenz, Padua, Venedig, Cormons, Triest, Laibach, Marburg, Graz, Wien, Linz, Passau, Regensburg, Nürnberg, Würzburg, Heidelberg, Karlsruhe, 2 Klasse 172 Mark 55 Pf.

15. Cöln, Coblenz, Bingen, Mainz, Darmstadt, Aschaffenburg, Würzburg, Ansbach, Augsburg, München, Kufstein, Innsbruck, Verona, Mailand, Turin, Genua, Bologna, Florenz, Padua, Venedig, Udine, Cormons, Triest, Wien, Passau, Regensburg, Nürnberg, Würzburg, Aschaffenburg, Darmstadt, Mainz, Bingen, Coblenz, Cöln, 2. Klasse 195 Mark 30 Pf.

16. Frankfurt (oder Mainz) Weißenburg, Straßburg, Basel, Luzern, Fluelen, St. Gotthard Mailand, Turin, Alessandria, Genua, Spezia, Pisa, Florenz, Bologna, Padua, Venedig, Verona, Kufstein, München, Ingolstadt, Würzburg, Aschaffenburg, Frankfurt, 2. Klasse 123 Mark 30 Pf.

17. Berlin, Wittenberg, Leipzig, Reichenbach i. V., Regensburg, München, Buchlo, Kempten, Lindau, Romanshorn, Winterthur, Schaffhausen, Zürich, Aarau, Neuveville, Genf, Bern, Interlaken, Brienz, Fluelen, Luzern, Zürich, Romanshorn, Lindau, Kempten, Augsburg, Hof, Leipzig, Wittenberg, Berlin, 2. Klasse 131 Mark 30 Pf.

www.ingramcontent.com/pod-product-compliance
Lightning Source LLC
Chambersburg PA
CBHW020417230426
43663CB00007BA/1213